Gramáticas
na escola

Coleção de Linguística
Coordenadores
Gabriel de Ávila Othero – Universidade Federal do Rio Grande do Sul (UFRGS)
Sérgio de Moura Menuzzi – Universidade Federal do Rio Grande do Sul (UFRGS)

Conselho consultivo
Alina Villalva – Universidade de Lisboa
Carlos Alberto Faraco – Universidade Federal do Paraná (UFPR)
Dante Lucchesi – Universidade Federal da Bahia (Ufba)
Leonel Figueiredo Alencar – Universidade Federal do Ceará (UFC)
Letícia M. Sicuro Correa –Pontifícia Universidade Católica do Rio de Janeiro (PUC-Rio)
Luciani Ester Tenani – Universidade Estadual de São Paulo (Unesp)
Maria Cristina Figueiredo Silva – Universidade Federal do Paraná (UFPR)
Roberta Pires de Oliveira – Universidade Federal de Santa Catarina (UFSC)
Roberto Gomes Camacho – Universidade Estadual de São Paulo (Unesp)
Valdir Flores – Universidade Federal do Rio Grande do Sul (UFRGS)

Dados Internacionais de Catalogação na Publicação (CIP)
(Câmara Brasileira do Livro, SP, Brasil)

Oliveira, Roberta Pires de
 Gramáticas na escola / Roberta Pires de Oliveira, Sandra Quarezemin. – Petrópolis, RJ : Vozes, 2016. – (Coleção de Linguística)
 Bibliografia
 ISBN 978-85-326-5292-8
 1. Português – Gramática I. Quarezemin, Sandra. II. Título. III. Série.

16-04550 CDD-469.5

Índices para catálogo sistemático:
1. Gramática : Português : Linguística   469.5

ROBERTA PIRES DE OLIVEIRA
SANDRA QUAREZEMIN

Gramáticas
na escola

Petrópolis

© 2016, Editora Vozes Ltda.
Rua Frei Luís, 100
25689-900 Petrópolis, RJ
www.vozes.com.br
Brasil

Todos os direitos reservados. Nenhuma parte desta obra poderá ser reproduzida ou transmitida por qualquer forma e/ou quaisquer meios (eletrônico ou mecânico, incluindo fotocópia e gravação) ou arquivada em qualquer sistema ou banco de dados sem permissão escrita da editora.

CONSELHO EDITORIAL

Diretor
Gilberto Gonçalves Garcia

Editores
Aline dos Santos Carneiro
Edrian Josué Pasini
José Maria da Silva
Marilac Loraine Oleniki

Conselheiros
Francisco Morás
Leonardo A.R.T. dos Santos
Ludovico Garmus
Teobaldo Heidemann
Volney J. Berkenbrock

Secretário executivo
João Batista Kreuch

Editoração: Flávia Peixoto
Diagramação: Sheilandre Desenv. Gráfico
Revisão gráfica: Fernando Sergio Olivetti da Rocha
Capa: WM design
Revisão técnica: Gabriel de Ávila Othero e Luisandro Mendes de Souza

ISBN 978-85-326-5292-8

Editado conforme o novo acordo ortográfico.

Este livro foi composto e impresso pela Editora Vozes Ltda.

*Serious inquiry begins when we are willing
to be surprised by simple phenomena of nature,
such as the fact that an apple falls from a tree,
or a phrase means what it does.*
Chomsky, 1993: 25.

A pesquisa séria começa quando estamos dispostos
a ser surpreendidos pelos fenômenos simples da
natureza, como o fato de que uma maçã cai da árvore
ou que uma sentença significa o que ela significa.

Aos professores.

Apresentação da coleção

Esta publicação é parte da **Coleção de Linguística** da Vozes, retomada pela editora em 2014, num esforço de dar continuidade à coleção coordenada, até a década de 1980, pelas professoras Yonne Leite, Miriam Lemle e Marta Coelho. Naquele período, a coleção teve um papel importante no estabelecimento definitivo da Linguística como área de pesquisa regular no Brasil e como disciplina fundamental da formação universitária em áreas como as Letras, a Filosofia, a Psicologia e a Antropologia. Para isso, a coleção não se limitou à publicação de autores fundamentais para o desenvolvimento da Linguística, como Chomsky, Langacker e Halliday, ou de linguistas brasileiros já então reconhecidos, como Mattoso Câmara; buscou também veicular obras de estudiosos brasileiros que então surgiam como lideranças intelectuais e que, depois, se tornaram referências para a disciplina no Brasil – como Anthony Naro, Eunice Pontes e Mário Perini. Dessa forma, a **Coleção de Linguística** da Vozes participou ativamente da história da Linguística brasileira, tendo ajudado a formar as gerações de linguistas que ampliaram a disciplina nos anos de 1980 e de 1990 – alguns dos quais ainda hoje atuam intensamente na vida acadêmica nacional.

Com a retomada da **Coleção de Linguística** pela Vozes, a editora quer voltar a participar decisivamente das novas etapas de desenvolvimento da disciplina no Brasil. Agora, trata-se de oferecer um veículo de disseminação da informação e do debate em um novo ambiente: a Linguística é hoje uma disciplina estabelecida nas universidades brasileiras; é também um dos setores de pós-graduação que mais crescem no Brasil; finalmente, o próprio quadro geral das universidades e da pesquisa brasileira atingiu uma dimensão muito superior à que se testemunhava nos anos de 1970 a 1990. Dentro desse quadro, a **Coleção de Linguística** da Vozes tem novas missões a cumprir:

• em primeiro lugar, é preciso oferecer aos cursos de graduação em Letras, Filosofia, Psicologia e áreas afins material renovador, que permita aos alunos integrarem-se ao atual patamar de conhecimento da área de Linguística;

• em segundo lugar, é preciso continuar com a tarefa de colocar à disposição do público de língua portuguesa obras decisivas do desenvolvimento, passado e recente, da Linguística;

• finalmente, é preciso oferecer ao setor de pós-graduação em Linguística e ao novo e amplo conjunto de pesquisadores que nele atua um veículo adequado à disseminação de suas contribuições: um veículo sintonizado, de um lado, com o que se produz na área de Linguística no Brasil; e, de outro, que identifique, nessa produção, aquelas contribuições cuja relevância exija uma disseminação e atinja um público mais amplo, para além da comunidade dos especialistas e dos pesquisadores de pós-graduação.

Em suma, com esta **Coleção de Linguística**, esperamos publicar títulos relevantes, cuja qualidade venha a contribuir de modo decisivo não apenas para a formação de novas gerações de linguistas brasileiros, mas também para o progresso geral dos estudos das Humanidades neste início de século XXI.

Gabriel de Ávila Othero
Sérgio de Moura Menuzzi
Organizadores

Sumário

Prefácio, 11
    Ataliba T. de Castilho

Nosso percurso pelo livro, 15

CAPÍTULO 1 Gramáticas: rota alternativa para as aulas de português, 21
    1.1 O aluno que constrói gramáticas, 21
    1.2 A gramática nos Parâmetros Curriculares Nacionais (PCNs), 27

CAPÍTULO 2 Gramáticas e a faculdade da linguagem, 43
    2.1 Línguas e gramáticas, 43
    2.2 A faculdade da linguagem: entrando no cérebro e/ou na mente, 55
    2.3 A aquisição da linguagem, 67
    2.4 Um sistema dedutivo, 75

CAPÍTULO 3 Construindo gramáticas – O método científico na escola, 83
    3.1 A linguística como laboratório de ciências, 83
    3.2 A ciência, algumas ponderações, 86
    3.3 Indução, dedução e abdução, 94
    3.4 O dado negativo, 101
    3.5 (Des-)construindo hipóteses gramaticais, 106

CAPÍTULO 4 A gramática do português brasileiro (PB), 123

4.1 O português brasileiro, que bicho é esse?, 123

4.2 Sujeito nulo: o PB e o PE, 124

4.3 Objetos nulos e acusativos plenos, 137

4.4 Uma língua voltada para o discurso, 142

4.5 As interrogativas-QU, 150

4.6 O sistema nominal no PB e o Singular Nu, 156

CAPÍTULO 5 Falando no concreto – Gramáticas na sala de aula, 165

Referências, 175

Prefácio

A difusão da Linguística no Brasil, sobretudo a partir dos anos de 1970, fez-se acompanhar da habitual escolha de um inimigo. A nova ciência escolheu dois: a Filologia, entendida como edição crítica textual, e a Gramática Tradicional. Ora, como diz o ditado, "aqui se faz, aqui se paga": a Filologia voltou, trazida pelo ressurgimento da Linguística Histórica, e a gramática, modernizada, passou a ser escrita por linguistas.

Nos primeiros seminários de Linguística em nosso país o esporte preferido era a malhação da Gramática Tradicional, dadas suas inconsistências, derivadas da falta de teorização sobre as línguas naturais.

Num dado momento, cansados dessa prática, os linguistas resolveram escrever gramáticas. Duas fases foram então desenvolvidas: as gramáticas coletivas e as gramáticas monoautorais.

Em 1983, Maria Helena Mira Mateus optou pela preparação coletiva, com sua *Gramática da língua portuguesa*, de que se tiraram quatro edições. Em 1999, ela e as demais autoras – lembremo-nos de que esta gramática foi escrita exclusivamente por mulheres! – decidiram *"preparar uma nova edição, amplamente revista, com maior pendor descritivo, com um estilo menos tecnicista e com uma cobertura linguística mais ampla"*. A quinta edição, publicada em 2003, é de fato uma nova obra, do alto de suas 1.127 páginas.

Em 1987, apresentei à Associação Nacional de Pesquisa e Pós-Graduação em Letras e Linguística um projeto de preparação coletiva de uma gramática do português falado, com base nos materiais do Projeto Nurc/Brasil.

Tendo havido boa receptividade à ideia, convoquei em 1988 o I Seminário desse projeto, no qual se debateu o plano inicial, que era o de *"preparar uma gramática de referência do português culto falado no Brasil, descrevendo seus níveis fonológico, morfológico, sintático e textual".*

Como forma de organização, os 32 pesquisadores que atuaram no projeto, afiliados a 12 das maiores universidades brasileiras, distribuíram-se por Grupos de Trabalho (GT). Cada GT traçou o perfil teórico que pautaria suas pesquisas. Os textos aí discutidos e preparados foram posteriormente submetidos a discussão pela totalidade dos pesquisadores, reunidos em seminários plenos, de que se realizaram dez, entre 1988 e 1999. Ao final de cada seminário, os textos debatidos eram reformulados e publicados em uma série própria, editada pela Unicamp. A Fundação de Amparo à Pesquisa do Estado de São Paulo financiou as atividades, também apoiadas vez e outra pelo Conselho Nacional de Pesquisas.

A partir de 1990, solicitou-se ao Prof. Mílton do Nascimento, então da Universidade Federal de Minas Gerais, que debatesse os problemas teóricos suscitados pelos trabalhos apresentados, na qualidade de Assessor Acadêmico do PGPF. Isso ocorreu sistematicamente a partir do IV Seminário, resultando daí vários textos, um dos quais ele apresentou ao Centro de Linguística da Universidade de Lisboa, em 1993. Associava-se, dessa forma, o labor descritivo à reflexão teórica.

Encerrada a agenda dos GTs, deu-se início em 2003 à consolidação dos ensaios e teses publicados entre 1990 e 2003. Uma segunda edição foi publicada pela Editora Contexto, entre 2013 e 2015, em sete volumes. Estas atividades fizeram do português brasileiro a primeira língua românica a ter sua variedade falada culta amplamente descrita, sob mais de um ponto de vista teórico.

O modelo das gramáticas monoautorais escritas por linguistas foi inaugurado por Mário Alberto Perini, da Universidade Federal de Minas Gerais, com sua *Gramática descritiva do português*, de 1995. Seguiram-se a *Modern*

Portuguese, a Reference Grammar, de 2002, e a *Gramática do português brasileiro*, de 2010.

Logo depois, veio Maria Helena Moura Neves, da Universidade Estadual Paulista, com sua monumental *Gramática de usos do português*, de 2000, com 1.037 páginas, fundamentada num vasto *corpus* de análise.

Em 2008, José Carlos de Azeredo, da Universidade Estadual do Rio de Janeiro, publicou a *Gramática Houaiss da língua portuguesa*, com 583 páginas. Em 2010, publiquei a *Nova gramática do português brasileiro*, com 768 páginas. Em 2011, Marcos Bagno, da Universidade de Brasília, publicou sua *Gramática pedagógica do português brasileiro*, com 1.055 páginas.

Podem-se reconhecer as seguintes estratégias nas gramáticas escritas por linguistas: (1) ênfase no fazer científico, mostrando que o raciocínio gramatical ancora-se em procedimentos científicos que convém entender; (2) descrição cuidadosa do PB, com apoio em larga quantidade de dados, derivados de pesquisas recentes, incorporando-se aí tipos de classes de palavras e de construções que vinham sendo ignoradas.

Esta *Gramáticas na escola*, preparada por Roberta Pires de Oliveira e Sandra Quarezemin, optou pela estratégia (1), que ensina seus leitores a pensar, a raciocinar, transformando sua língua num campo de investigações.

Os três primeiros capítulos elaboram essa estratégia mais de perto: Cap. 1, Rotas alternativas para as aulas de português; Cap. 2, Gramáticas e a faculdade da linguagem; Cap. 3, Construindo gramáticas: o método científico na escola. Os dois outros capítulos mergulham nos dados: Cap. 4, O português brasileiro, Cap. 5, Falando no concreto: gramáticas na sala de aula.

A insistência na forma plural *gramáticas* encerra um alerta aos professores e aos alunos, pois evidencia que há mais de uma compreensão desse termo técnico. Mas o ponto alto do trabalho está em levar os usuários de gramáticas a ultrapassar o entendimento pedestre de que as gramáticas são livros que enumeram regras de uso da língua, nem sempre compreensíveis, porque não fundamentadas numa teoria explícita sobre as línguas naturais.

A adoção dessa estratégia representa o diferencial desta gramática, que lança aos professores de língua o repto de saber inserir os dados da língua numa moldura teórica, e aos linguistas o de fazerem-se claros quando discorrem sobre as línguas naturais como um objeto teórico.

Ataliba T. de Castilho
Professor emérito da Universidade de São Paulo
Professor titular convidado da Universidade Estadual de Campinas
Assessor linguístico do Museu da Língua Portuguesa

Nosso percurso pelo livro

viver é superdifícil
o mais fundo
está sempre na superfície
Paulo Leminski

As línguas humanas são fascinantes. Este livro é um convite para você parar e prestar atenção nelas. Escute, com muita atenção (e carinho) a língua que você fala em casa, a língua da poesia de rua, do encontro amoroso, da fofoca, da sedução e da propaganda – a língua que é você, que o faz se sentir em casa. Ela é tão normal, tão natural, que parece ser sem importância, superficial. Talvez porque somos tão a nossa língua perdemos a dimensão da sua complexidade. Mas preste atenção nas suas conversas e se pergunte sobre como elas ocorrem: como é possível que possamos entender o que o outro está nos dizendo e até mais, como conseguimos "ler a mente" do outro para além do que é dito, adivinhar intenções, sacar piadas, ler as entrelinhas das falas? Se você parar mesmo e refletir sobre isso, vai se impressionar, não há dúvidas. Repare, por exemplo, nas crianças, como elas rapidamente aprendem a falar.

Será que você, quando pensou na sua língua, lembrou que você já ouviu que não sabe falar direito, que fala errado ou que tem vergonha dela? Por que temos vergonha da língua que falamos? De onde vem esse mito de que há línguas erradas, línguas sem gramática? Uma língua é uma gramática. Qual é a língua correta? Por que ela é correta? Faz sentido falar que uma língua está errada? Faz sentido dizer que é errado *Aqui os menino é tudo levado da breca!?* Não há como responder a todas essas questões em um único livro. Nosso caminho se insere numa corrente maior que pretende modificar o modo como a sociedade brasileira entende as línguas[1]. Esse é um movimento difícil, porque ainda não há muito lugar para o **linguista** na nossa sociedade. Raramente nos perguntamos por que aceitamos que há uma língua correta – na grande maioria das vezes aquela que não falamos. O professor de línguas deve se colocar essas questões para estar menos vulnerável a distorções e preconceitos, para entender melhor esse objeto tão interessante que é a linguagem humana.

Gramáticas na escola propõe um método para que os alunos, juntamente com o professor, "manufaturem" gramáticas sobre um fragmento de uma língua, da língua que eles falam ou sobre uma outra língua qualquer. Falamos com nossos bebês e eles entendem e rapidamente estão falando também. Esse é um comportamento natural, da espécie. Os linguistas querem entender e explicar como é essa capacidade que todos temos de falar uma língua, buscando construir uma gramática. A nossa proposta é que você e seus alunos e colegas (des-/re-)construam gramáticas das línguas que ouvem e falam. Se houver mais de uma língua, por exemplo, em uma sala de aula onde temos alunos falantes de espanhol, de Guarani[2] ou língua de sinais, teremos um excelente ambiente para atentarmos para outras gramáticas.

Temos, no nosso entender, um instrumento poderoso para alterar os quadros escolares atuais da educação no país, que deixam muito a desejar. É o instrumental da Linguística. Há um espaço nas aulas de português (e também de inglês ou matemática) para, ao refletirmos sobre as línguas, elaborarmos teorias sobre elas. Essa é uma maneira absolutamente nova de

---

1. P. ex., a discussão que Bagno (2003), Faraco (2008), Basso e Pires de Oliveira (2010), Lobato (2015), apenas para citar alguns, apresentam em seus trabalhos.

2. É uma norma na literatura em Linguística antropológica utilizar letras maiúsculas para os nomes de línguas indígenas. Neste livro, adotamos essa norma.

"ensinar" gramática. Ela exige um professor aberto, curioso, engajado, que tenha tempo para desenvolver projetos com a sua turma. O que significa revolucionar o sistema educacional brasileiro (tanto a rede pública quanto a rede privada!). A revolução pode ser lenta, mas ela irá ocorrer. Mais cedo ou mais tarde, como ocorreu com a teoria geocêntrica, será senso comum que não há uma língua melhor; há línguas, simplesmente.

A tese central deste livro foi publicada pela primeira vez em Pires de Oliveira, Basso e Quarezemin (2013), como suporte textual para a disciplina "Construindo Gramáticas na Escola", do currículo da Licenciatura em Letras a Distância da Universidade Federal de Santa Catarina. Volta-se, portanto, para um público que já teve contato com Fonética/Fonologia, Morfologia, Sintaxe e Semântica do Português. A proposta era ensaiar práticas reflexivas sobre como levar esse conhecimento para a escola, como realizar com os alunos projetos de Linguística na Escola.

É muito comum ouvirmos que o professor de Português – de Língua Portuguesa – ensina língua materna, mas a língua materna é a que falamos no berço. Os alunos da educação básica, que são os alunos do Licenciado em Letras-Português, já são falantes fluentes, já dominam a sua língua materna. Então, por que ter aulas de português? A resposta tradicional é para ensinar a ler e a escrever, principalmente a norma padrão que, segundo Faraco (2008), não é o vernáculo de ninguém. Não há dúvidas de que ensinar a ler e a escrever, através de textos literários e não literários é tarefa do professor de "Língua Portuguesa", assim como dos demais professores. A questão é que ler e escrever são os processos de recepção e produção de uma língua grafada. Ninguém escreve e lê no berço, todos nós começamos a falar no berço. Alguns de nós têm acesso à língua escrita muito cedo, outros nem tanto. Se as teses em Linguística se sustentam, quanto antes deixarmos a criança em contato natural com a língua escrita tanto melhor. É preciso viver na língua escrita para "falá-la" fluentemente. Nossa proposta é que as aulas de português incluam momentos de prática reflexiva sobre as línguas em geral e sobre a língua dos alunos, da comunidade em particular.

Nossa proposta é polêmica. Ela não é um retorno ao ensino de gramática como ainda é feito em vários lugares: apresentar aos alunos os conceitos e a metalinguagem da gramática tradicional ou de uma teoria linguística qualquer para que eles decorem ou aprendam essa gramática. A ideia é pôr a mão na massa, construir pequenas gramáticas, gramáticas de um fragmento de uma língua. Há, no Brasil, muitas línguas sendo faladas. Cabe ao professor adaptar o método que sugerimos para a sua situação particular. Se a língua da comunidade é o Guarani, que as aulas sejam de reflexão e de construção de material sobre essa língua. Fazer a gramática da expressão *tipo* na fala dos adolescentes hoje em dia; ou avaliar como é a concordância nas falas informais; ou refletir sobre o que significa a expressão *um baita de* em *assisti um baita de um filme ontem*, se houver essa expressão na fala do seu aluno. Pode ser que ele utilize *se pá* ou alguma outra expressão, como *altos vestido que ela está usando*. Note a estrutura de oralidade desse proferimento, veja em que posição sintática está *altos vestido*? O que *altos* está fazendo? É um adjetivo? Veja como é complexo explicar um proferimento aparentemente tão simples como esse. Podemos estudar o português brasileiro culto, por exemplo, a norma culta que aparece em contextos escritos formais, em provas escritas. Não importa qual língua seja tomada como língua objeto, a proposta é que o **aluno** seja o **gramático**, que ele construa gramáticas.

Nossa proposta se sustenta em experiências de ensino já realizadas, sobre as quais falaremos ao longo deste livro. São projetos de ensino de ciências utilizando a Linguística como porta de entrada. O aluno aprende a construir hipóteses científicas enquanto constrói uma gramática. O **laboratório** do linguista é a céu aberto. É muito barato, basta ter professor e alunos dispostos a enfrentar o desafio de explicar a natureza da sua língua. Despertar no aluno o espírito curioso que vai atrás de evidências e pistas. Essas experiências apontaram para uma relação positiva entre o aluno construir hipóteses sobre uma língua e ter um desempenho melhor na língua escrita, além de ter um efeito positivo no ensino de ciências e de matemática. O professor de língua pode, com o auxílio da Linguística, promover interações temáticas entre várias matérias, ensinando o raciocínio científico, estabelecendo ligações com a História, a Biologia e a Matemática, por exemplo. Construir gramáticas é construir uma teoria de explicação para a língua escolhida como língua objeto, que será estudada usando os mesmos princípios de formulação de hipóteses e sua verificação que aparece nas outras ciências.

O primeiro capítulo apresenta as linhas gerais da nossa proposta e mostra que ela não está contemplada nos Parâmetros Curriculares Nacionais (PCNs). O segundo capítulo traz uma série de informações que permitem sabermos (note: não é acharmos, nem pensarmos, mas **sabermos**) que há uma faculdade da linguagem, um conhecimento compartilhado pelas várias tendências teóricas da Linguística atual. Sabemos que somente os humanos têm línguas, que não há certo nem errado nas línguas, que as línguas variam e que essa variação não é aleatória, sabemos que há um componente cerebral para a linguagem.

O terceiro capítulo introduz o método científico para a análise das línguas. A ideia é que o professor se atreva, junto com os alunos, a analisar gramáticas de outras línguas nas aulas de Língua Portuguesa. O ponto de partida é a língua da comunidade. Por isso o quarto capítulo apresenta algumas características do português brasileiro. É importante entendermos como é a nossa língua, por vários motivos. É talvez um passo para superarmos nosso complexo de inferioridade, sustentado pela visão preconceituosa de que falamos errado. Mostrar a gramática dessa língua desvalorizada é desfazer preconceitos. Se entendermos um pouco do modo como falamos, podemos entender melhor certos "erros" dos nossos alunos. O erro na escrita reflete, em muitos casos, a língua materna do aluno que, ao ser corrigida, está sendo punida. Há, por exemplo, um uso bastante difundido de *onde* em textos escritos, estabelecendo diferentes relações entre as sentenças. Zilles e Kersch (2015), em seu estudo sobre o *onde*, mostram que a posição de prescrição é nociva e defendem uma postura de compreensão do que está ocorrendo. Ao invés de corrigir, o professor coleta esses dados com os alunos em textos escritos, na oralidade, buscando, juntos, construir a gramática desse "conectivo" (É um conectivo? Uma conjunção? Um pronome?...) a fim de compará-la com outras gramáticas. As autoras propõem que se trata de um relativo universal.

Ao longo dos capítulos incluímos **Atividades** que são muito mais sugestões de temas para construção de pequenas gramáticas. Não é tarefa fácil construir uma gramática, mas é possível montar pequenas gramáticas, gramáticas de fragmentos de uma língua. Há também indicações de leitura dadas nas notas de rodapé. Há muito material disponível e de boa qualidade. Um leitor deve ser ativo!

Não há educação sem estudo, sem reflexão, sem curiosidade, sem perplexidade.

Que este livro inspire rotas alternativas!

Se você quiser nos convidar para fazer essa viagem juntos, se quiser pedir bibliografia, ou trocar uma ideia é só enviar uma mensagem: Roberta <ropiolive@gmail.com> e Sandra <quarezeminsandra@gmail.com>.

Finalmente, este livro deve muito à leitura atenta e crítica de Luisandro Mendes de Souza e Gabriel de Ávila Othero, a quem agradecemos muitíssimo! As (ir)responsabilidades são todas nossas.

Capítulo 1

Gramáticas: rota alternativa para as aulas de português

E nós estamos ainda no processo de aprender como fazer democracia. E a luta por ela passa pela luta contra todo tipo de autoritarismo.

Paulo Freire, 2000: 136.

1.1 O ALUNO QUE CONSTRÓI GRAMÁTICAS

Este livro busca refletir sobre a contribuição que a Linguística atual pode dar para a formação (continuada) do professor de Língua Portuguesa, ao mesmo tempo em que pretende mostrar possibilidades de atuação do bacharel em Linguística na escola que vão para além da sala de aula. Pode parecer surpreendente à primeira vista, mas a Linguística, uma disciplina científica que busca compreender as línguas naturais, aquelas que adquirimos em casa, sem instrução formal, tem um lugar na escola e não apenas na sala de aula. O seu papel no ensino não é tema novo[3]. Há várias propostas para a Linguística entrar na escola. Nossa proposta é que o professor juntamente com os seus alunos se aventure a elaborar gramáticas (ou fragmentos de gramáticas). Fomos influenciadas pela leitura das expe-

---

3. Geraldi (1991), Mattos e Silva (2004), Perini (1997), Faraco (2008), Martins (2013), Martins et al. (2014) para citar alguns com visões distintas sobre o papel da Linguística.

riências didáticas descritas em Chomsky et al. (1985), Carey et al. (1989), O'Neil et al. (2004) e O'Neil et al. (2010), entre outros, que mostram que a reflexão sobre uma língua natural ensina o método científico, auxilia no ensino de ciências e matemática e desenvolve as capacidades de leitura e escrita. Esses projetos foram desenvolvidos com comunidades carentes nos Estados Unidos – em comunidades indígenas americanas – e na África, em escolas sem infraestrutura, sem laboratórios, sem bibliotecas. Refletir sobre a linguagem exige apenas um bom professor, quadro-negro e a intuição dos alunos. Essa é uma maneira de ensinar a raciocinar cientificamente com pouquíssimos recursos. Além disso, essas experiências mostram que realizar essa reflexão resultou em escritores e leitores mais habilidosos. Uma outra razão para utilizarmos a Linguística na escola é o fato de que ela permite a inclusão de todos os falares (e, portanto, de todos os falantes), não apenas de variedades diferentes do português, variedades que são estigmatizadas socialmente – e esse é também um aspecto que a Linguística ajuda a esclarecer –, mas principalmente de falantes de outras línguas, como, por exemplo, a língua de sinais brasileira[4]. As aulas de língua portuguesa podem não apenas versar sobre o português e suas variedades, elas podem ser uma oportunidade para se conhecer outras línguas, compará-las.

Neste livro, imaginamos aulas de português diferentes, como momentos em que as línguas e suas gramáticas ganham proeminência, o que permite tornar essas aulas espaços de interação com outras disciplinas, com as quais em geral não há conversa, como, por exemplo, a matemática; são também uma intervenção na sociedade, não apenas para desmistificar muitos dos preconceitos que a sociedade brasileira ainda tem quanto à língua, mas principalmente para formar cidadãos críticos, que sabem avaliar um argumento.

---

4. As línguas sinalizadas são línguas naturais com as mesmas propriedades das línguas faladas. Elas não são pantomimas. A literatura sobre o tema é extensa. Um livro muito interessante é o de Fox (2007), que descreve uma comunidade de surdos em Israel. Em português, há vários livros sobre o tema. Cf., p. ex., http://portal.mec.gov.br/seesp/arquivos/pdf/port_surdos.pdf

As aulas de português, nesta proposta, são momentos privilegiados em que o aluno se reconhece, valoriza sua fala, entende o lugar da sua fala e a do outro na sociedade, ao mesmo tempo em que aprende a construir modelos científicos, a raciocinar através da formulação e refutação de hipóteses; afinal, gramáticas nada mais são do que modos de explicação para um fenômeno da natureza – as línguas naturais, que são uma característica exclusiva dos seres humanos. Um dos objetivos deste livro é pavimentar um caminho que nos leve a entender as línguas sob esse outro prisma, que não é nem literário, nem o da sua utilidade para aprender a ler e a escrever – ambos, obviamente, legítimos e necessários –, mas sim aquele do olhar curioso para um **fenômeno natural**, que caracteriza a atividade científica. Esse fenômeno é a língua que falamos em casa, na nossa intimidade, com os nossos familiares e amigos. A língua que o aluno traz para a escola.

Essa perspectiva permite o florescimento da cidadania, porque leva o aluno a perceber a língua de maneira diferente, como a sua maneira de ser. A sua língua é a sua maneira de ser, e a exclusão dessa maneira de ser tem efeitos negativos também na aprendizagem da leitura e da escrita. Somos as línguas que falamos. Nossa língua materna é um componente fundamental da nossa identidade, não apenas como pessoa, mas também como povo. Não somos cidadãos plenos se temos vergonha da nossa fala, se negamos até hoje que há um português brasileiro, que tem características próprias reconhecidas há séculos, e se vemos no português da gente, na feliz expressão de Ilari e Basso (2006), um motivo de chacota porque "não sabemos falar". Note que é a colônia que não sabe falar; é a fala da colônia que é errada. Esses são indícios de uma subjetividade em desacordo consigo, porque não aceita o que é. Legitimar a língua que falamos, nossa identidade linguística, é uma das funções da escola, que pode ser realizada observando as línguas, construindo, juntamente com os alunos, gramáticas para explicá-las. Nesse percurso vão aparecer outras línguas, outras gramáticas. Contrariamente ao senso comum, que acredita haver uma única língua no Brasil, há muitas línguas no Brasil, somos multilíngues.

O Censo de 2010, do Instituto Brasileiro de Geografia e Estatística (IBGE), entende que são 274 línguas indígenas faladas no país por 305 etnias distintas. O português não é falado por cerca de 130 mil índios, ou 17,5% deles. São brasileiros que falam idiomas autóctones, como os Xavante, os Bororo, os Guarani. Há ainda comunidades que falam línguas de imigração, como alemão, árabe, japonês, italiano, falares afro-brasileiros e outras similares. Há os sinalizantes de Língua Brasileira de Sinais (Libras). Há inúmeros dialetos e circulamos nessa heterogeneidade linguística. Embora grande parte da população as desconheça, essas línguas são constitutivas da história e da cultura nacional. O Brasil é um país pluricultural e plurilíngue. O desconhecimento se deve, em grande parte, a que o estudo, a descrição e a valorização dessa pluralidade linguística continuam praticamente restritos aos meios acadêmicos e instituições especializadas e, portanto, fora da escola.

A visão científica sobre as línguas é absolutamente incompatível com as noções prescritivas ou normativas. Está em choque com a visão de que há línguas melhores, mais lógicas ou mais bonitas. Busca compreender as línguas conforme elas se manifestam, primeiramente como fala. Desse ponto de vista, certas dicotomias, como a que há entre social e indivíduo, simplesmente não fazem sentido. A língua é, como mostra Franchi (cf. FRANCHI et al., 2011), ao mesmo tempo o que permite que nós organizemos o nosso pensamento e a nossa subjetividade e o que nos permite interagir com o outro. A língua é um meio de interação social e é também um sistema cognitivo extremamente complexo e sofisticado que só os humanos têm. Elaboramos raciocínios complexos porque temos linguagem, sem ela não teríamos essa possibilidade.

Há muitas discussões sobre a origem das línguas; há correntes que defendem que a língua se originou como uma maneira de organizar o pensamento e só então se tornou um meio de interação social (p. ex., CHOMSKY, 2010); assim como há aqueles que acreditam que sua origem é social e então ela se internalizou (DEUTSCHER, 2014). Não se trata de defender se é esse ou aquele o caso – não sabemos isso ainda –, mas de chamar a atenção para este aspecto fundamental das línguas que tem sido negligenciado nas escolas e, como iremos mostrar, nos Parâmetros Curriculares Nacionais (doravante PCNs), o seu aspecto de gramática, a sua relação com o pensamento e a interação social, o fato de ela nos singularizar como espécie.

O pano de fundo da nossa proposta são os péssimos índices de desempenho que apresentamos em avaliações internacionais; por exemplo o Relatório de Pisa[5]. É verdade também que uma parcela considerável de alunos chega à universidade, após 11 anos de aulas de português, sem saber ler e escrever adequadamente. Sem dúvida, há algo de errado aí. Nosso objetivo não é fazer um balanço do que são as aulas de português hoje em dia e muito menos propor como elas devem ser, mas refletir sobre possíveis maneiras de como tratar a língua e seu estudo, aulas não convencionais em que os alunos constroem gramáticas. Veja que falamos em elaboração de gramáticas e não em aprender gramática, muito menos em usar a gramática (o que significa aceitar que há uma única gramática, certamente a normativa). Construir gramáticas exige criatividade, observação, prestar atenção em algo que é tão nosso que não enxergamos a sua complexidade – **tão perto dos olhos que a vista não pode alcançar**. Tornar explícito um conhecimento que temos implícito.

As línguas faladas, mesmo aquelas que não têm uma escrita (que é mais do que a metade das línguas que são faladas atualmente no mundo[6], são extremamente complexas e, apesar de longos anos de estudos sérios e criteriosos, não há hoje em dia um sistema único para explicá-las completamente. Os linguistas têm trabalhado sistematicamente nesse projeto, mas ele está longe de estar terminado, ainda que tenha havido muitos progressos. Tudo

---

5. O Relatório de Pisa visa avaliar o desempenho de alunos de vários países em leitura, matemática, ciência. Eles estão disponibilizados em http://portal.inep.gov.br/pisa-programa-internacional-de-avaliacao-de-alunos.

6. Como veremos na discussão sobre línguas não é simples falarmos em número de línguas e ainda mais em quantas são ágrafas, mas há algum conhecimento também aqui.

isso para dizer que, atualmente, diante do conhecimento que temos, estudar gramática significa abrir para inúmeras portas porque estamos diante de um objeto muito intrigante e facilmente acessível. Podemos pensar sobre história pensando nas línguas, sobre biologia, sobre matemática, sobre a natureza e sobre fazer ciência, que empreitada é essa. Por isso dissemos que há um lugar para o bacharel de Linguística na escola e esse lugar não é na sala de aula, é articulando saberes, construindo projetos que integram as disciplinas. O professor de Língua Portuguesa pode também construir essas diferentes conversas.

"Manufaturar" gramáticas justamente para entender como elas funcionam é uma meta diferente, que não é utilitarista, porque visa entender a natureza das línguas como algo em si, compreender talvez o fenômeno evolutivo mais interessante que há neste planeta (sem exagero!), o fato de que somos animais que falam e, por isso, pensam, entretêm pensamentos complexos; construir gramáticas é talvez um dos melhores caminhos para ensinar a ver o fascínio do que parece tão normal, tão banal. Afinal, qualquer um fala. Mas este não é um livro de receitas; não há receitas para ser um bom professor, trata-se de um desafio permanente.

A proposta é chamar a atenção para fatos das línguas que não aparecem nas aulas de português; mostrar que é possível ter uma maneira diferente de abordar as línguas, que aulas de português não sejam decorar regras e nomenclaturas, muitas vezes sem sentido. Mas também sem que as aulas de português sejam apenas aulas de produção e leitura de textos que deixam de lado a beleza da oralidade, a criatividade que permeia a gramática, que não se colocam o desafio de entender esse sistema complexo que são as línguas faladas, que perdem as dimensões biológicas, físicas, matemáticas, geográficas, históricas, antropológicas etc. que estão intrinsecamente associadas a falar uma língua.

Esse empreendimento supõe um professor criativo. Nas descrições das experiências de Honda e O'Neil (1993), fala-se com frequência no estilo **socrático**, aquele que leva o aluno a raciocinar, a construir suas hipóteses e testá-las – é o que estamos chamando de **construção de gramáticas** – que não apresenta as respostas e, acima de tudo, que está preparado para avaliar respostas que não eram esperadas, respostas originais dadas pelos alunos.

Como já dissemos, a nossa reflexão tem presente os baixos índices de desempenho dos nossos alunos, mesmo daqueles que estão em escolas particulares, mas também o fato de que esses índices pouco se alteraram ao longo desses últimos anos, em particular desde a publicação dos PCNs para o Ensino Médio, em 1997 – já lá se vão quase 20 anos! Também temos em mente que são ainda poucas as pesquisas no país que podem ser consideradas de ponta, e não apenas na Linguística. Um estudo divulgado pela Royal Society, Academia Nacional de Ciência Britânica, em março de 2011, mostrou que houve um pequeno progresso da produção científica do Brasil: levando em consideração as pesquisas globais, passamos de 1,3% do total das pesquisas realizadas no mundo para 1,6%. Esse é ainda um índice muito baixo e são ainda poucos os pesquisadores no país. A Linguística tem, no nosso entender, um papel estratégico porque permite o ensino do método científico com um material facilmente acessível.

1.2 A GRAMÁTICA NOS PARÂMETROS CURRICULARES NACIONAIS (PCNS)

Mudanças tomam tempo, e modificar modos de pensar é um processo lento, ainda mais quando estamos tratando de línguas e de relações de poder. A quem interessa excluir a língua da gente – aquela em que dizemos *a gente*, em que a concordância é marcada apenas no artigo *os menino saiu* – em nome de uma suposta língua correta (ou incorreta – a noção de correção simplesmente não faz sentido quando falamos de língua)? Mas há mudanças – para lembrar Galileu, *"eppur se muove!"* ("e, pois, se move!")... Já temos várias gramáticas do português falado e do português escrito contemporâneo, e a presença da Linguística no ensino, inclusive na universidade, é também sintoma de que o conhecimento científico sobre a linguagem está ganhando vez e voz. Já não era sem tempo!

A Linguística é uma ciência jovem. Ela é oficialmente inaugurada pelo suíço Ferdinand de Saussure e seus cursos de Linguística Geral que aconteceram no início do século passado entre 1907 e 1910 em Genebra, Suíça, e foram compilados por seus alunos Charles Bally e Albert Sechehaye no famoso *Curso de Linguística Geral*. No Brasil, ela entra tardiamente. Embora apareça nos currículos de Letras a partir de 1961, ela ganhou mais impulso com as primeiras publicações de Mattoso Câmara, no final da década de 1960, no Rio de Janeiro[7].

É ainda mais tarde que a Linguística começa de fato a entrar nas escolas de ensino básico. Salvo engano (até onde sabemos não há registro dessa história), esse movimento parece se iniciar no final da década de 1970 e tem, entre outros representantes, Castilho (1986), Ilari (1989), Geraldi (1991). Nesse momento, o papel da Linguística parece ter sido essencialmente de crítica à gramática normativa e ao modo como se ensinava gramática nas escolas; uma crítica às aulas de português, como aulas de decorar regras que não se mostrou como uma metodologia frutífera. Esse movimento deu início a inúmeros desdobramentos que foram, no nosso entender, extremamente salutares: deslocou-se o foco do ensino de regras da gramática normativa para a aprendizagem da escrita e da leitura e, em muitos casos, chamou-se atenção para a língua falada e para as diferentes variedades faladas pelos alunos. Avançamos! Um relato tocante das consequências desastrosas de um sistema educacional que estigmatiza as origens e a língua das crianças e os problemas causados pela imposição da norma culta aparece em Eglê Franchi, *E as crianças eram difíceis: a redação na escola* (1998).

Mas, talvez como não poderia deixar de ser, esse movimento foi interpretado como uma negação do ensino de gramática na escola. É como se, desse momento em diante, não se devesse mais ensinar gramática na escola. O título de Possenti (1996) – *Por que (não) ensinar gamática na escola?* –

---

7. Para o depoimento de Paulino Vandressen sobre a história da Linguística no Brasil, acesse: http://www.comciencia.br/reportagens/linguagem/ling15.htm Consulte também Altman (2004), entre outros.

revela esse dilema. Nos círculos dos detentores do saber sobre o ensino de português, ensinar gramática ficou relegado a muito pouco e esse pouco é, na verdade, o que já se fazia antes. Há uma mudança porque deslocamos o eixo do decorar regras da gramática normativa para a produção e leitura de textos, mas mantém-se a mesma imagem de gramática que se tinha e a mesma prática com relação ao seu estudo. A gramática foi oficialmente expulsa da sala de aula e continuou de modo absolutamente tradicional e mais forte, porque agora apresentada como um instrumento sem importância. Fundamentalmente, a concepção científica sobre as línguas naturais não tem espaço, porque estudamos a gramática das línguas. Obviamente não estamos advogando que se ensine gramática tradicional nos moldes de decorar regras ou nomenclaturas. Pode-se de fato ensinar gramática tradicional, mas que isso seja feito dentro de uma perspectiva que entende o que é uma gramática e para que ela serve[8].

Nossa leitura desse movimento entende que é preciso sim refletir sobre as línguas. Recentemente, durante a cerimônia de Professor *Honoris Causa* da Unicamp concedida a Rodolfo Ilari, Ataliba Castilho terminou sua fala com a seguinte citação retirada de Ilari:

> Desmistificar esses preconceitos [ele falava sobre os preconceitos linguísticos] não é substituir a representação proporcionada pela gramática por uma ou outra representação "linguística": é reencontrar a gramática (ou a linguística) como reflexão sobre a língua; é investir num novo tipo de professor secundário, que tire argumentos para sua segurança professional não do domínio da nomenclatura e da normatividade, mas de uma vivência tão ampla enquanto possível de sua língua e da cultura que ela exprime.

Há muitas maneiras de fazer essa reflexão. Neste livro, apresentamos a proposta naturalista que vê as línguas como o cantar dos pássaros. O bem--te-vi que conversa com outro. A nossa contribuição é talvez radicalizar o que já aparece em muitos autores (ILARI, 1989; PERINI, 1995; MATTOS & SILVA, 2004; LOBATO, 2015, e tantos outros). A reflexão sobre a nossa língua, a sua língua, é extremamente importante para a cidadania.

---

8. Como faz Azeredo (2015), p. ex.

Para pesquisadores que lidam com a linguagem é muito chocante, negativamente, lermos os PCNs[9] para o Ensino Fundamental (ainda mais se mantemos em mente que eles foram publicados oficialmente em 1997) e isso por dois motivos: em primeiro lugar, é como se não houvesse a perspectiva naturalista; em segundo lugar, quando há referências à gramática, o que temos é a visão tradicional de gramática. A gramática normativa e o ensino tradicional de gramática retornam na proposta nova de priorizar a produção e a leitura de textos; em outros termos, avançamos, mas o tradicional retorna precisamente na questão da gramática.

É fácil perceber nos PCNs para o Ensino Fundamental as marcas de imposição de uma determinada maneira de ver as línguas e a linguagem humana. Não se trata, obviamente, de negar que as línguas permitem a interação social, o que é óbvio, e muito menos negar que através do dito e do não dito há o mascaramento de relações de poder, que o apagamento de certas vozes é um ato de poder; ao contrário, trata-se de ver como isso ocorre também, e quiçá principalmente, nos documentos oficiais, na receita oficial de o que fazer nas aulas de língua portuguesa. A voz apagada nos PCNs é a dos **naturalistas**, que têm em Noam Chomsky um grande representante.

A importância de Noam Chomsky para a Linguística é de tal sorte que ela já foi caracterizada como uma revolução científica no sentido de Thomas Kuhn (2007): houve uma mudança de paradigma; uma revolução que alterou radicalmente a maneira de vermos um feixe de fenômenos que chamamos de línguas. Por isso, não é muito simples resumir a sua contribuição: ele redirecionou as pesquisas sobre as línguas agregando conhecimentos de várias áreas e introduzindo novos componentes, em particular uma metodologia inovadora, o dado negativo, elaborado através de hipóteses dedutivas (discutimos essa metodologia no capítulo 3). Chomsky mostrou, contra a visão behaviorista de aprendizagem, que somos criativos, que as línguas não são aprendidas por estímulo e resposta. Mostrou

---

9. Os PCNs estão disponíveis em http://portal.mec.gov.br/seb/arquivos/pdf/livro02.pdf

também, desafiando o estruturalismo, que as línguas não são conjuntos de sentenças, mas são infinitas; por isso, uma língua só pode ser um sistema de regras que permitem a geração de um número infinito de sentenças, ressaltando a propriedade da criatividade presente na gramática. Chomsky aproximou o estudo das línguas do estudo dos sistemas formais, defendendo que há diferenças entre eles que não podem ser apagadas – porque nós não somos autômatos, somos livres. Colocou na agenda de estudos da Linguística que se deve explicar como é possível que qualquer criança, mesmo em situações extremamente precárias, aprenda algo tão complexo quanto uma língua natural em tão pouco tempo e sem instrução explícita. Esse é o problema da aquisição da linguagem. Sua resposta, o inatismo, a ideia de que criança tem uma gramática geneticamente programada, tem recebido diferentes suportes empíricos. Sua tese de doutorado, cujo resumo foi publicado com o título de *Syntactic Structures*, é de 1955 e desde então ele vem produzindo diferentes modelos de compreensão da sintaxe das línguas naturais[10].

Não é possível que os autores dos PCNs desconhecessem a existência de um programa de investigação científica como a Gramática Gerativa e o que se estava produzindo na época, ou que não entendessem a importância da vertente naturalista introduzida por Chomsky para o estudo das línguas (mesmo que se não concorde com esses estudos em relação a várias questões, sua importância é inegável). E já havia descrições do português nessa linha teórica à época da redação dos PCNs. Por exemplo, a publicação de *Gramática descritiva do português*, de Mário Perini, é de 1995, e já nessa obra o autor propõe que o ensino de gramática seja uma maneira de ensinarmos a raciocinar cientificamente, a construir modelos científicos, visão que nos inspira. E não se trata de excluir somente o formalismo, representado pela Gramática Gerativa, porque, em 1997, Maria Helena Mou-

---

10. Sua tese de doutorado, defendida em 1955, intitula-se *The Logical Structure of Linguistic Theory*.

ra Neves tinha já publicado várias reflexões sobre o ensino de gramática e também novas maneiras de fazer gramática, todas elas alinhadas com os estudos funcionalistas[11]. Também Ataliba Castilho já havia iniciado seu projeto para uma gramática do português falado, que tampouco aparece nos PCNs. O volume I da *Gramática do português falado* foi publicado em 1990, sete anos antes dos PCNs[12]. Isto para não citar vários outros; Mattos e Silva já haviam publicado suas reflexões sobre os dois portugueses, por exemplo. Em resumo, a reflexão linguística (funcionalista e formalista) não está representada nos PCNs.

Ainda que qualquer classificação seja em si empobrecedora, é possível distinguir dois grandes "paradigmas" na Linguística atual: o científico-naturalista e o humanista. Humanistas veem as línguas a partir do prisma do histórico, do fato único, da ocorrência que não se repete. É o caso, por exemplo, da Análise de Discurso. Os naturalistas entendem a língua como um fenômeno natural e procuram utilizar os métodos das ciências – sejam eles dedutivos ou quantitativos – para entender esse fenômeno. Há duas grandes maneiras de ser um naturalista na Linguística contemporânea: os formalistas que dão mais atenção à forma e os funcionalistas que entendem que a prioridade é a função. Obviamente essa distinção não é tão clara e há muitas posições "miscigenadas"[13].

Seja como for, os aspectos gramaticais, nos PCNs, são discutidos em, literalmente!, uma única página, a página 60, e o que lemos é, na nossa maneira de ver, uma abordagem utilitarista da gramática normativa, com o único propósito de atuar no ensino da escrita. E, claro, não vai funcionar (como não tem funcionado) porque é simplesmente repetir a gramática normativa (e não ensinar ao aluno a raciocinar). Eis o trecho:

---

11. Cf., p. ex., Moura Neves (1990).

12. Até o momento são sete volumes da *Gramática do português falado*, organizadas por diferentes autores e sendo reeditadas.

13. Sobre os paradigmas da Linguística cf. Pires de Oliveira e Basso (2011), sobre as disputas entre funcionalistas e formalistas cf. Borges Neto (2004) entre outros.

"É no interior da situação de produção de texto [...] que ganham utilidade os conhecimentos sobre aspectos gramaticais"; se ensina da gramática "apenas os termos que tenham utilidade para os conteúdos e facilitar a comunicação nas atividades de reflexão sobre a língua".

Note que se fala em ensinar termos da gramática que são usados para facilitar a comunicação. Não precisamos entender a gramática ou saber construir gramáticas, mas pegamos o que já temos – a gramática normativa – e usamos os termos. Ora, parte essencial da reflexão sobre uma língua é construir os termos para entendê-la; termos técnicos não são apenas etiquetas, eles refletem uma análise, como já aparece claramente em Perini (2006), mais uma vez entre vários outros autores.

A falácia é acreditar que podemos utilizar os termos da gramática normativa para fazer algo que seja radicalmente diferente do que faz a gramática. Isso não ocorre. Os termos são carregados de teoria, e o que se faz é, então, o mesmo que a gramática faz, só que agora no texto do aluno: "olha aqui, você errou porque o verbo concorda com o sujeito"; ou "olha aqui, você separou o sujeito do verbo por uma vírgula e não pode fazer isso (pelas regras da gramática)". Estamos agora olhando para o texto do aluno com a miopia da gramática tradicional e anotando os erros, sem explicar que são outras gramáticas, sem entender o que está acontecendo no texto, sem saber qual é a gramática do texto do aluno. É muito mais interessante levar o aluno a entender por que ele separa o sujeito do verbo por vírgulas. Suponha, por exemplo, que o seu aluno escreveu *Os meninos, saíram com o pai*, a pergunta é: Por que ele fez isso? Há várias razões. Em primeiro lugar, é provável que ele já tenha ouvido que a vírgula é uma pausa. Daí ele presta atenção em como ele fala quando, por exemplo, responde à pergunta: *Cadê os meninos?* De fato, nessa situação (e em outras) há uma pausa, um intervalo de silêncio, acompanhada por uma prosódia em particular, que em *os meninos, saíram com o pai* sobe na sílaba tônica (no *ni* de *meninos*) e desce no final do sintagma *os meninos*, para retornar mais alto em *saíram* e depois descer no fechamento da declaração[14]. É bem bonito ver um espectograma com essa curva[15].

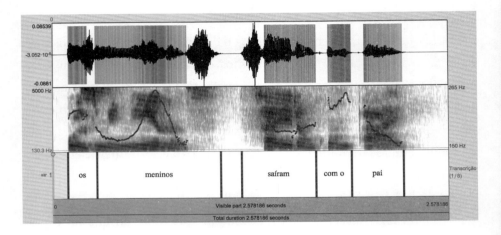

Como veremos no capítulo 4, é possível que o PB seja uma língua de tópico e tópicos têm essa curva prosódica no sintagma e há, assim, uma pequena pausa separando a sentença. É isso o que o aluno está marcando com a vírgula quando transpõe para a escrita as regras da sua gramática: ele está marcando o tópico. Essa descrição, ainda muito precária, já é suficiente para ilustrar como é possível uma abordagem mais investigativa do texto do aluno, mas para isso é preciso entender o que é uma gramática e compreender que há várias gramáticas. A gramática serve para que o aluno entenda a sua língua e entenda a língua do outro e, com isso, entenda que pode se movimentar nas diferentes línguas/gramáticas.

Nos PCNs, a gramática não deve ser considerada quando ela é "um palavreado sem função" [sic!]. Ora, quando a gramática é um palavreado sem

---

14. A noção de sintagma já é senso comum na Linguística. Podemos entender que o sintagma é uma unidade da sintaxe. Há várias propriedades que mostram que estamos diante de um sintagma. Por exemplo, não é possível "desmembrar" um sintagma: * meninos saíram os. Consulte Mioto et al. (2013), Kenedy (2013).

15. Agradecemos a Karina Zendron pelo espectograma.

função? Só quando adotamos a posição de que há uma gramática já feita e precisamos repeti-la, só quando não estamos construindo uma gramática. Quem constrói gramáticas sabe da importância dos termos e da sua função. É claro que "oração subordinada adverbial temporal" é palavreado sem função, sem sentido, mas apenas quando não entendemos o que essa etiqueta significa, quando não temos noção do projeto de construir gramática e apenas usamos os rótulos sem saber sua história e o que eles têm por função explicar. Mais uma vez se nega a tradição para retomá-la como etiquetagem já pronta.

Em qualquer disciplina científica é imprescindível entender as descrições, as explicações e os argumentos produzidos por essa disciplina. Para podermos entender Física temos que ter alguma noção do que significam termos como "matéria", "massa", "gravidade" etc. Para entendermos Química precisamos dominar conceitos como "molécula", "átomo", "valência" e inúmeros outros. Obviamente, essas mesmas observações valem para as ciências humanas (Sociologia, Antropologia etc.); mas o que acontece quando pensamos em gramática e no estudo das línguas? Ora, deveríamos ter o mesmo na reflexão sobre as línguas. Os conceitos gramaticais são, na verdade, conceitos em pé de igualdade com conceitos como os das outras ciências, mas o fato é que nunca paramos para pensar nisso, e esses conceitos nunca nos são apresentados como tal, até porque, diferentemente do que ocorre nessas outras áreas do saber, a nomenclatura gramatical é uma lei (!). Isso diz muito sobre o seu estatuto. Estabelecer como uma lei uma teoria não poderia estar mais distante do que é a empreitada científica[16].

Em momento algum dos PCNs se propõe que o aluno construa gramáticas, que o aluno faça uma reflexão sobre o que é uma gramática, sobre o que é língua. Construir gramáticas é um exercício intelectual intenso, difícil e extremamente importante para entendermos uma teoria sobre um

---

16. Para uma discussão sobre a naturalização da Norma Gramatical Brasileira e o processo pelo qual tem passado Portugal com relação a sua própria terminologia gramatical cf. Borges Neto (2013).

fenômeno no mundo, as línguas naturais. É bem verdade que se traça, nos PCNs, uma diferença entre conhecimento epilinguístico e metalinguístico, mas sem levar adiante as consequências nem da distinção, nem desses conhecimentos, sem que eles de fato tenham um papel na sala de aula. A metalinguagem tem todo o sentido quando ela é uma maneira de construirmos uma compreensão do objeto que estamos estudando.

A voz que se apaga nos PCNs é aquela que vê na língua um objeto natural, ao mesmo tempo biológico e social, porque somos animais sociais, como as formigas, as abelhas, os golfinhos, e a língua é uma das formas de interação social (não a única). Apagar o biológico é deixar de ensinar o que sabemos hoje em dia sobre as línguas (e o que já se sabia na época em que os PCNs foram escritos). É como se em Física não fôssemos ensinar que o universo se formou pelo *big-bang*, que ele é (muito provavelmente) finito e que há matéria escura. É como se não fôssemos ensinar sobre Teoria da Evolução e a origem da vida em Biologia.

Uma das principais funções da escola é formar cidadãos. Estes devem ter acesso ao que é o conhecimento científico, ao que sabemos sobre o mundo natural e social. Não há a menor dúvida de que as línguas são objetos fundados em nossa constituição biológica: uma lesão cerebral pode causar afasias; autistas não têm a mesma capacidade de lidar com raciocínios pragmáticos do que aqueles que não são autistas. Somos geneticamente programados para falar. Essa não é uma opinião de Chomsky, ou um modelo científico, é um fato que já sabemos, comprovado por inúmeros experimentos, realizados por vários cientistas que tiveram como objeto de estudo as mais diversas línguas. Obviamente, isso não quer dizer que a gramática universal como modelada pelo gerativismo está correta, mas quer dizer que ter uma língua foi uma aquisição da espécie que favoreceu a nossa evolução e que, assim como os pássaros cantam, as abelhas dançam, temos aptidão para falar[17].

---

17. A literatura sobre a relação entre linguagem e pensamento e como isso surgiu no homem é já grande. Cf. Pinker (2008), Chomsky (2005) e (2014), entre outros.

Documentos oficiais refletem o pensamento daqueles que estão no poder em determinado momento no tempo, mas não impedem que haja outras vozes, que haja dissidências. O nosso ponto de vista sobre as aulas de português é não ortodoxo, é dissidente.

ATIVIDADE

Mudar exige olhar criticamente para uma maneira de ser, entender por que agimos dessa forma e buscar um outro modo de ser. Esse não é um caminho fácil, como sabem bem aqueles que optam por formas de ser que são alternativas. Nesse sentido, um exercício importante é refletir sobre a sua vivência com a gramática, tanto como aluno quanto como professor. Você estuda ou ensina gramática? Como você ensina/estuda gramática? Você adota a gramática que está no seu livro didático? Como a gramática aparece no livro didático? Ela dita normas? Ela é uma repetição de gramáticas tradicionais? Ela tem um viés linguístico?

Faça um levantamento das gramáticas que há no mercado brasileiro. Elas têm todas a mesma concepção de gramática? É possível avaliar essas gramáticas? Que tipo de gramática tem na biblioteca da sua escola? Por que é essa gramática e não outra que está na biblioteca?

Os Parâmetros para o Ensino Médio que datam do ano de 2000[18] são muito mais diretrizes do que procedimentos de atuação do professor e estão em sintonia com a nossa proposta. A parte II se chama "Linguagens, códigos e suas tecnologias" e reflete uma concepção diferente de ensino que, no nosso modo de entender, não só vale a pena, mas pode ter nas aulas de português o lugar privilegiado para o seu florescimento: a integração de conteúdos ou a interdisciplinaridade. A linguagem é vista de modo

---

18. O documento está disponível em http://portal.mec.gov.br/seb/arquivos/pdf/blegais.pdf e esse é o momento para você dar uma lida nele.

mais amplo como um conjunto de regras, como é possível depreender da citação abaixo:

> Podemos, assim, falar em linguagens que se inter-relacionam nas práticas sociais e na história, fazendo com que a circulação de sentidos produza formas sensoriais e cognitivas diferenciadas. Isso envolve ainda o reconhecimento de que as linguagens verbais, icônicas, corporais, sonoras e formais, dentre outras, se estruturam de forma semelhante sobre um conjunto de elementos (léxico) e de relações (regras) que são significativas: a prioridade para a Língua Portuguesa, como língua materna geradora de significação e integradora da organização do mundo e da própria interioridade (p. 19).

Linguagens verbais, segundo os autores, são um sistema de regras que geram relações significativas, "um conjunto de elementos (léxico) e de relações (regras) que são significativas", mas ainda não há menção ao fato de que esse sistema é recursivo – ele gera infinitas sentenças, e embora sejam elencadas as linguagens formais, as semelhanças com os cálculos lógicos, a matemática, e também as linguagens computacionais ficam apenas sugeridas. Esse modo de ver permite uma abordagem reflexiva da gramática.

O que aparece sugerido é uma integração parcial, já que o trecho acima não se compromete com a biologia, por exemplo, que teve início na década de 1950, com os primeiros encontros em cibernética, que aconteceram no MIT (Massachusetts Institute of Techonology), nos Estados Unidos, e que deram início ao que hoje em dia chamamos de Ciências Cognitivas ou Ciência da Cognição. Essas são abordagens interdisciplinares – Física, Biologia, Linguagem, Computação, Cognição –, que exploram sistemas reguladores, suas estruturas, restrições e possibilidades. Não é possível explicar em poucas palavras o que é um sistema regulador (ou autorregulador, como sugerem alguns[19]), mas pense sobre como andamos na rua, como nos comportamos como multidão; imagine o que ocorre quando não há sinais de trânsito, as pessoas se organizam de modo a otimizar o desempenho. Evidentemente, as línguas naturais são sistemas sociais e as sociedades são

---

19. Maturana e Varela (2000).

autorreguladas. É certamente essa também a visão de formalistas. As línguas são estruturas (sociobiológicas) organizadas.

A figura do hexágono, apresentada abaixo, representa uma possível disposição das disciplinas envolvidas nas Ciências Cognitivas. É preciso trabalhar, pesquisar juntos se queremos entender um sistema tão complexo como a linguagem humana.

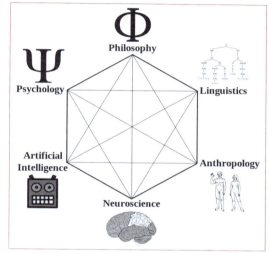

FIGURA 1
Hexágono das disciplinas nas Ciências Cognitivas

É essa a perspectiva, que chamamos de **naturalista**, que queremos somar às aulas de português: ver a língua como um sistema que é característico da espécie humana – veremos no próximo capítulo que várias espécies têm sistemas de comunicação, mas nenhuma, a não ser o *Homo sapiens*, tem língua –, que está entre as faculdades cerebrais/mentais que nos constitui enquanto subjetividade, que permite construirmos sistemas de inteligência artificial e que tem estreitas relações com a filosofia, a lógica, a matemática e também com a literatura, as artes e a política.

O objetivo deste capítulo é defender a legitimidade de se ensinar gramática. Mais do que isso, é propor que o linguista tem um papel fundamental na escola para além das aulas de língua portuguesa: um articulador de temas em que a língua é o mote. As aulas de português podem se tornar laboratórios de construção de tecnologias, gramáticas de fragmentos de uma língua. Por exemplo, fazer uma gramática dos diferentes tipos de negação que temos na nossa língua.

ATIVIDADE

Vamos construir um pequeno fragmento de gramática apenas para exemplificar o que temos em mente. Prepare-se porque podemos ir muito longe refletindo sobre o que é a negação e o que é negar. Suponha que um marciano caiu no meio de Florianópolis e quer aprender o português urgentemente para poder cooptar os humanos numa empreitada extragaláctica. Ele comparou:

(i) O João chegou.
(ii) O João não chegou.

E descobriu uma coisa muito importante. Descobriu que a pergunta *O João chegou*? se respondida com (i), levava a concluir que (ii) é necessariamente falsa. Notou também que se (ii) era verdadeira, então dessa vez é (i) que é necessariamente falsa. Pode parecer pouco, mas há muito a ser dito aqui. Nossa mente divide o universo em duas porções que se excluem, isto é, não podem ser verdadeiras ao mesmo tempo. Elas são contraditórias. Há aqui uma conversa estreita com o professor de Matemática, porque estamos falando sobre conjuntos e a relação de complementaridade. Estamos aqui diante de uma instanciação do quadrado aristotélico.

Não vai demorar muito para que o nosso marciano escute outros tipos de negação:

(iii) Meu carro não é azul.
(iv) Ela nem tomou banho.
(v) Ele não comprou nada.
(vi) Isso é ilegal.

Cada uma dessas sentenças coloca desafios para aquele que deseja refletir sobre uma língua. Outras questões que estão relacionadas podem ser colocadas e virar temas de pesquisa. Por exemplo, como a negação aparece nas crianças? O que é negar? Há negação nas outras espécies? Pare um pouco e pense. O que raios significa a gente negar algo? O que quer dizer algo tão banal quanto *João não chegou*?

Capítulo 2

Gramáticas e a faculdade da linguagem

É um fato muito notável que não há homens tão embotados e estúpidos, sem mesmo excluir os dementes, que não sejam capazes de arrumar várias palavras juntas, formando com elas uma proposição pela qual dão a entender seus pensamentos; enquanto, por outro lado, não há outro animal, por mais perfeito e afortunadamente construído que seja, que faça a mesma coisa.
Descartes. Apud Chomsky, 1972: 14.

Neste capítulo, aprofundamos a perspectiva naturalista que entende que as línguas são objetos naturais que nos constituem enquanto espécie. Nessa perspectiva, uma língua é uma gramática. Há, é claro, diferentes acepções do termo gramática. Franchi et al. (2006), por exemplo, distinguem a gramática enquanto compêndio do bem-dizer – aquele que dita a norma escrita – da gramática enquanto reflexão filosófica – a Gramática de Port-Royal, entre outras –, da gramática que o aluno tem "internalizada". É esse último o objeto de estudos do linguista que produz gramáticas, teorias para explicar esse objeto. Neste capítulo vamos focar o objeto: como são as línguas é a nossa questão. No próximo, lidamos com as teorias sobre as línguas.

2.1 LÍNGUAS E GRAMÁTICAS

Há muita confusão sobre o termo **gramática** e certamente parte da controvérsia sobre o ensino ou não de gramática na escola vem dessa confusão, porque o modo como a Linguística entende gramática é diferente do que está na cabeça das pessoas quando elas dizem gramática. Podemos facilmente identificar pelo menos três conceitos distintos de gramática: a gramática de uma língua (da sua língua, p. ex.), a gramática que um linguista constrói para explicar uma língua (a gramática de CASTILHO, 2010, p. ex.) e a gramática enquanto compêndio do bem-dizer[20].

Qualquer língua, escrita ou não, tem uma gramática que é complexa[21]. Do ponto de vista naturalista, não faz sentido afirmar que há gramáticas melhores – que, por exemplo, dizer *Os meninos saíram* é melhor do que dizer *Os menino saiu* – porque as duas cumprem a sua função, que é transmitir um certo conteúdo. São duas maneiras de se chegar ao mesmo lugar; duas gramáticas distintas, uma em que a pluralidade é marcada em todos os termos, outra em que o plural aparece apenas no determinante. Mas esses dois modos de dizer não são avaliados da mesma maneira socialmente. O valor social de cada uma delas é muito diferente. Aquele que fala *os menino saiu* não sabe falar, diz a voz que define qual variedade está correta. As línguas são lugares de poder, sem sombra de dúvidas. Só que essa mesma voz que diz que quem fala *os menino saiu* não sabe gramática acha o inglês lindo (e fácil!!). Basta pensar um instante no inglês para ver que essa voz não tem qualquer suporte empírico. Primeiro, no inglês também o plural só ocorre em um dos termos – aquela voz diria só para o inglês que é uma língua econômica: *The tall boys left* (glosa: O alto meninos saiu[22]). É claro que a gramática do inglês não é a mesma da nossa gramática, mas o nosso ponto é que o plural só está em um lugar no inglês e isso é avaliado positivamente; no português do dia a dia é possível marcar em apenas um dos elementos, mas isso é avaliado negativamente. O português que marca a pluralidade em todos os termos *Os meninos altos saíram*, o português nosso *Os me-*

---

20. Para os vários sentidos do termo gramática, consulte Franchi et al. (2006).

21. Essa é uma afirmação consensual na Linguística. Cf. Faraco (2008), entre outros, para uma crítica do senso comum que acredita que há línguas sem gramática.

22. A glosa é a tradução palavra a palavra mantendo os elementos gramaticais. Veremos mais sobre isso adiante.

nino altos saíram, o português do meio rural no interior de São Paulo *Os menino alto saiu tudo*, o inglês que marca a pluralidade apenas no nome *The boys left*, são modos de marcar a pluralidade, todos igualmente válidos. Considerar o português caipira errado é preconceito linguístico, é excluir aqueles que têm essa língua[23].

O linguista é um cientista; ele observa a variedade no mundo e depois procura explicar essa variedade. Um botânico olha as diferentes sementes, descreve cada uma delas, compara para procurar compreendê-las. É completamente sem sentido afirmar que uma delas está errada. Imagine um biólogo que esteja diante de dois sapos, mas decida que só um é animal de verdade, que merece ser estudado porque o outro é muito feio, é errado... perceba que isso não faz sentido. O físico não pode entender que é errado a maçã cair, que ela deveria ficar na árvore. Não damos ordem para a natureza. Você pode até ter achado a situação engraçada, mas o fato é que, com as diferentes gramáticas (que possuem diferentes regras de concordância), temos exatamente a mesma situação: o linguista olha para dois objetos, duas gramáticas, e elas são ambas igualmente legítimas, merecedoras de estudo e não são/estão certas ou erradas, bonitas ou feias. Quando alguém diz que certa fala (i.e., gramática) é errada, é um claro e triste sintoma de que ainda não temos uma imagem científica da língua, porque é uma visão preconceituosa.

Mas por que afinal achamos que dizer *Os menino tudo saiu* está errado? Porque historicamente o dialeto que se tornou a língua escrita oficial de Portugal, a língua da nação, a língua nacional, marca a pluralidade em todos os termos. Há um aspecto muito importante nas discussões sobre o ensino de gramática, em especial com leigos, que surge quase imediatamente quando falamos sobre o fato de que a gramática normativa é uma manifestação histórica da imposição de um dialeto com o intuito de formar uma nação e que não há nada de errado em quem fala *Os menino tudo saiu*, que

---

23. Não é nosso objetivo aqui tratar dessa questão. Já há literatura sobre o tópico em Bagno (2003), entre outros.

essa língua tem uma gramática – trata-se do medo de que, se não houver uma norma linguística cravada a ferro e fogo numa gramática "das boas", vamos nos perder, vamos deixar de nos entender e no final vamos grunhir e não falar. Esse medo, como a maior parte dos medos, é um fantasma!

Não é de hoje que o português é alvo de profecias de que estamos em processo de declínio, em franca decadência. Ele foi alvo desse tipo de profecia nefasta ao longo de sua história. José Agostinho de Macedo (1761-1831), um intelectual português, afirmou que, "se não existissem livros compostos por frades, em que o tesouro está conservado, dentro em pouco podíamos dizer: ora, morreu a língua portuguesa, e não descansa em paz". O escritor Almeida Garrett (1799-1854), ao reclamar do uso de palavras francesas em seu tempo, não ficou atrás; para ele, o português de então era composto por "frases bárbaras repugnantes à índole do idioma; termos híbridos, locuções arrastadas, sem elegância, [que] formaram a algaravia da moda, e prestes invadiram todas as províncias das letras". Ramalho Ortigão (1836-1915), por sua vez, não tinha dúvidas de que "temos a prosa histérica, abastardada, exangue e desfalecida de uma raça moribunda. A nossa pobre geração de anêmicos dá à história das letras um ciclo de tatibitates". O escritor português Afonso Lopes Vieira (1878-1946) lamentava: "Pensando bem, não há já linguagem portuguesa. Quando uma linguagem se acha, como a nossa, atacada nas mais fundas raízes da sintaxe, desce à categoria dos dialetos". Bem mais recentemente, o jornalista Marcos de Castro, em 1998, foi tachativo: "Não fique nenhuma dúvida, o português do Brasil caminha para a degradação total", bem como Arnaldo Niskier, ao dizer, também em 1998: "Nunca se falou e escreveu tão mal o idioma de Ruy Barbosa". Finalmente, o renomado poeta Ferreira Gullar, em um texto de 2012, depois de muito lamentar sobre a atual situação do português, conclui ironicamente que "o que importa é que as pessoas se entendam, ainda que apenas grunhindo". Faz só uns 400 anos que eles dizem que o português vai se acabar![24]

---

24. Esta reflexão aparece em Bagno (2001) e foi motivada pela crônica "Da fala ao grunhido" de Ferreira Gullar publicada no jornal *Folha de S.Paulo*, em 25/03/2012. Cf. tb. Faraco (2008).

A gramática como compêndio do bem-dizer, como bastião que segura a língua contra as cruéis investidas deteriorantes dos falantes "sem cultura" (como se fosse possível não ter cultura!), é, na melhor das hipóteses, uma visão míope do que vem a ser uma gramática e do que é uma língua. Simplesmente não há como impedir uma língua de mudar! Mudamos! É como tentar impedir a seleção natural.

Essa visão normativa se espelha no código civil que exibe o conjunto de leis que estabelecem a boa convivência dos indivíduos em sociedade, como se a gramática fosse esse conjunto de leis. É talvez por isso que há uma lei para a Nomenclatura Gramatical Brasileira. De qualquer modo, a metáfora é que aquele que desrespeita uma regra gramatical deve ser punido de alguma forma, assim como aquele que infringe uma lei do código civil. Mas essa não é uma boa metáfora para as línguas. O código civil é para todos, enquanto a gramática considerada correta é apenas de alguns. Alguns têm essa língua como a sua língua materna. Obviamente, essas pessoas têm certas vantagens.

Sem esse compêndio gramatical a língua ficará à mercê do tempo, da história, dos jovens, das modas, das gírias etc. e provavelmente não resistiria (ó, pobre coitada!); em suma, daqui a algumas gerações não haveria mais língua alguma e seria o caos, como no Mito de Babel, que nos fala sobre o desejo humano de alcançar Deus, concretizado na edificação de uma torre que deveria ser tão alta que o alcançaria, já que Ele morava nos céus. Esse empreendimento humano foi punido por Deus através da criação de línguas diferentes. Deus nos impediu de alcançá-lo impedindo que nos comunicássemos, dando a cada um de nós uma língua diferente. Talvez seja esse o medo que está por trás da ideia de que precisamos de um compêndio do bem-dizer para controlar os usos; sem isso, caminhamos em direção ao caos, à total incompreensão e, de certa forma, ao isolamento absoluto, já que ninguém entenderia ninguém.

Não há muito consenso na área, mas as estimativas mais conservadoras diriam que a língua humana, tal como a conhecemos, existe há 100 mil anos (cf. a discussão em CHOMSKY, 2014); sabemos também que os sistemas de escrita existem há não mais que 6 mil anos[25]. Ou seja, falamos sem escrever há mais tempo do que escrevemos e chegamos bem até aqui! Sem leis obrigando os falantes a dizer desse ou daquele modo. Sem um compêndio de regras de "etiqueta" verbal e colocação sintática. Obviamente não sem gramática, porque é a gramática que possibilita os proferimentos, que constroem conversas. A gramática humana (das línguas naturais) parece ser uma dotação genética: somos feitos para falar, assim como o bem-te-vi é feito para cantar e a abelha dança para suas companheiras. E ela tem certas propriedades: é recursiva, composicional, um sistema dedutivo. Essas são propriedades de qualquer língua, com ou sem a escrita, e que existem independentemente de compêndios gramaticais e muitas vezes à revelia disso tudo, como atesta a perpétua mudança linguística. Nos entendemos mesmo que no limite não tenhamos a "mesma" língua, porque somos feitos (biologicamente programados) para falar.

ATIVIDADE

Poucas vezes nos perguntamos sobre as línguas que são faladas no Brasil e no mundo. Você já pensou sobre quantas línguas são faladas no Brasil, não importa se oficialmente aceitas, reconhecidas ou não? É certo que no seu estado há falantes de outras línguas. Basta olhar para o mapa das línguas faladas no Brasil. Consulte, por exemplo, o site http://www.ethnologue.com/country/BR/maps Uma atividade é mapear as línguas e dialetos que são da sua vivência mais próxima. Os seus alunos falam a mesma língua e o mesmo dialeto? Os alunos podem pesquisar sobre as línguas que são faladas no seu estado, sobre os dialetos locais ou não. Há um mapa de dialetos

---

25. É possível traçar a história da escrita à Idade do Bronze, com os primeiros ideogramas em 4000 a.C. Sistemas de escrita mais próximos do nosso, alfabéticos, são mais modernos. Há muito sobre a escrita. Cf., p. ex., a enciclopédia virtual sobre a escrita http://www.omniglot.com/

da cidade? E das línguas? O que esses mapas poderiam nos dizer sobre a história da sua cidade? Esse tema poderia ser trabalhado com o professor de Geografia ou de História. Os alunos poderiam fazer mapas de línguas e dialetos na história de sua cidade ou região.

Podemos ampliar um pouco o espectro: Quantas línguas são faladas no mundo? Quantas línguas existem? Não há consenso sobre o número exato de línguas faladas. No site Ethnologe lemos que são 7.105 línguas faladas[26]. Várias em processo de extinção ou buscando revitalização. Destas, 3.570 não contam com uma escrita, e há um forte movimento de criar sistemas de escritas para todas as línguas, por várias razões, inclusive porque a escrita, em nossos tempos, traz prestígio para uma dada língua e seus falantes; é uma maneira de guardar a memória e de valorizar a língua (uma ação importante em línguas que estão sendo revitalizadas). Segundo o mapa da Unesco, são 2.645 línguas que estão em perigo de extinção[27]. É essencial que essas línguas ganhem suas escritas e gramáticas pelas mãos dos falantes, com o auxílio do linguista (e do antropólogo, do educador), como um movimento de manutenção da sua identidade. A convenção para os direitos da criança elaborada pela ONU garante, no artigo 29, que a criança tem direito a sua língua e que a escola deve respeitar essa língua: "a educação da criança deve ser direcionada para: [...] (c) o desenvolvimendo do respeito aos pais da criança, sua identidade cultural, sua língua [...]"[28]. Há muito a ser feito, em especial no Brasil.

Enquanto o site do IBGE afirma que são 274, o site do Museu Goeldi no Pará, referência sobre pesquisas com línguas indígenas brasileiras, afirma que são 150 línguas. A oscilação dos números se deve em parte ao fato de que o conceito de língua não é simples. Em qualquer dos casos – 274 ou

---

26. Segundo o site Ethnologue são 7.500 línguas. Confira o dado em http://www.ethnologue.com/enterprise-faq/how-many-languages-world-are-unwritten

27. http://www.unesco.org/languages-atlas/index.php

28. Essa é a nossa tradução. Cf. a versão oficial em http://www.ohchr.org/en/professional interest/ pages/crc.aspx

150 – houve um extermínio de línguas nesses poucos anos de convivência entre europeus e ameríndios. E há movimentos importantes de revitalização de línguas.

Num primeiro momento, pode parecer que o conceito de língua é claro, mas, quando olhamos mais de perto, na verdade não é nada trivial determinar se estamos diante de uma língua ou de um dialeto. A Sociolinguística tem se dedicado a essa tarefa e há literatura sobre isso. Você pode imaginar que a capacidade de nos entendermos mutuamente é suficiente para determinarmos que estamos diante de uma língua. Mas será mesmo? Por exemplo, vamos considerar que o "portunhol", falado na fronteira entre o Brasil e os países de língua espanhola, é uma língua ou um dialeto? Se for um dialeto, é um dialeto do português ou do espanhol? Se considerarmos que se trata de um dialeto, não vamos colocar o portunhol na lista de línguas; mas se considerarmos que se trata de uma língua – afinal, satisfaz boa parte dos critérios que julgamos necessários para termos uma língua – temos aí mais uma língua. Percebe a dificuldade?!

Kenedy (2013) apresenta um exemplo muito interessante. Na página 32, o autor compara três "línguas" diferentes que são, no entanto, extremamente parecidas "estruturalmente". Veja as traduções de *Meu nome é John*:

(1) a. Mitt navn er John.

    b. Mit navn er John.

    c. Mitt namn är John.

É, parece que estamos diante de dialetos, não? Mas não estamos: (1a) é norueguês, (1b) é dinarmaquês e (1c) é sueco, que são consideradas línguas diferentes. O autor compara agora a mesma sentença em:

(2) a. Wo de mínxi shi John.

    b. Ngóh go mèhng giu John.

Parece que são duas línguas, não? Só que não! Em (2a) temos o mandarin e em (2b) o cantonês, que são dois "dialetos"(!!) do chinês. A quem interessa que sejam línguas?

Parece simples dizer que o português é uma língua, mas e o português brasileiro (de agora em diante vamos usar a sigla PB para português brasileiro), é uma língua, uma variedade ou um dialeto do português europeu (doravante, PE)? Afinal, temos a impressão de que há compreensão mútua entre falantes do PE e falantes do PB. Mas há mesmo? Essa compreensão é plena? Ou há graus diferentes de compreensão mútua? Quanto é o suficiente? Basta uma rápida imersão entre falantes do PE para percebermos que essa compreensão é gradual e há muitos pontos de incompreensão, principalmente no que se refere às construções sintáticas e a ordem dos constituintes. Leia atentamente a sentença abaixo e reflita sobre a sua primeira impressão ao ler:

(3) O bolo comeu o João.

O que você achou? Você fala assim? A sua comunidade fala assim? Se você respondeu *Não* às duas últimas perguntas, você fala PB. Se você se perguntou "mas qual é o problema de (3)?" e respondeu *Sim* às duas últimas perguntas, você fala PE[29].

Na versão oficial, o PB é uma variante do PE, mas há linguistas que defendem que o PB é uma língua diferente do PE. Definir se o PB é ou não uma língua não é, no entanto, uma questão meramente linguística, ela envolve também questões políticas. Como veremos no capítulo 4, há muitas evidências gramaticais de que o PB tem de fato propriedades sintáticas e semânticas, para além das morfofonológicas, muito distintas do PE, o que permite defender que estamos diante de duas línguas; po-

---

29. Othero e Figueiredo e Silva (2012) discutem essa questão.

rém, do ponto de vista político, talvez seja melhor entendermos que estamos diante de variantes de uma mesma língua. Não foram poucos os que afirmaram que uma língua é um dialeto com uma marinha e um exército, quando se depararam com a necessidade de distinguir uma língua de um dialeto. Chomsky é um desses autores. Por isso ele propõe que abandonemos a noção de língua externa para adotarmos a ideia de que só há línguas individuais, cada um de nós tem a sua própria língua. Agora estamos diante de uma dicotomia entre língua externa e língua interna, que talvez seja desnecessária. A Sociolinguística chegou também na noção de idioleto. E filósofos do porte de Donald Davidson defendem que só há línguas individuais. Mas, então, como é possível a comunicação? Chomsky se ampara na ideia da Gramática Universal e Davidson, no Princípio da Caridade, um princípio pragmático. Seja como for, a noção de língua está longe de ser clara.

Seja como for, enquanto língua interna (*à la* Chomsky) ou enquanto língua internalizada (para os funcionalistas), somos feitos para falar. Não há por que negar o fator biológico; antes é preciso entendê-lo, e já há vários estudos e diferentes maneiras de entender o fator genético. Há diferentes modos de entender a cognição e modelos distintos de mentes. É senso comum que há um componente genético tanto para funcionalistas quanto para formalistas. A abordagem naturalista busca explicar essa propriedade que os seres humanos têm. Só a nossa espécie tem linguagem, embora haja diferentes sistemas de comunicação no reino animal. As discussões sobre isso giram ao redor de como é a arquitetura da mente, como a linguagem aparece aí – a mente é modular? Os processamentos são em paralelo? A sintaxe é o componente central da linguagem? Há um processador semântico autônomo? Há um componente linguístico autônomo que pode ser resultado de um processo quantitativo de especialização de um sistema de comunicação – um processo evolutivo gradual, como as asas dos pássaros (PINKER, 2008) – ou pode ser resultado de um salto genético, como afirma Chomsky?

Seja como for há uma gramática universal, que transparece também quando a diversidade linguística é agrupada em famílias que acompanham a dispersão dos seres humanos pelo planeta. Essa correlação é apresentada em *Genes, povos e línguas*, de Luigi Luca Cavalli-Sforza (2003), por exemplo. Esse autor traz evidências genéticas e culturais para mostrar que há uma origem comum tanto ao homem quanto às línguas e que as diferenças genéticas, culturais e linguísticas entre os povos são superficiais e, portanto, não apenas o racismo é uma falácia, mas, o que nos interessa mais de perto, acreditar que há línguas melhores ou piores também é. A capacidade de fala pela humanidade deu-se muito antes do período em que supostamente falamos o "proto-indo-europeu", uma reconstituição teórica do que teria sido o indo-europeu. Cavalli-Sforza (2003) propõe a seguinte árvore*:

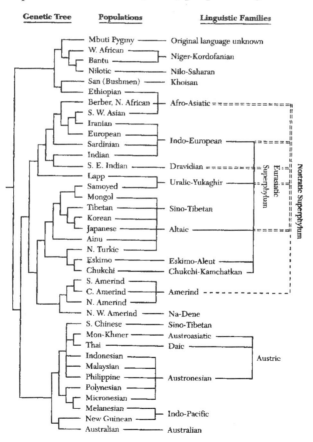

* The comparison of genetic and linguistic trees (Cavalli-Sforza et al., 1988, p. 6.002-6.006).

Esse mapa coloca uma série de questões. Veja onde se situa o indo-europeu.

Essas relações familiares são o resultado de intensa pesquisa que vem sendo realizada por linguistas desde há muito, em particular desde o século XIX com os neogramáticos. Por um dos ramos do PB, subimos para o PE, que, juntamente com o francês, o romeno, o italiano e o espanhol etc., são filhos do latim, ou seja, todas elas derivam do latim (mais precisamente do chamado latim vulgar, que era a língua efetivamente falada pelo povo) que, por sua vez, é filho itálico, que é um ramo do proto-indo-europeu.

Como dissemos, não temos evidências diretas do indo-europeu, que é uma reconstrução de um ancestral comum hipotético das línguas indo-europeias, tal como teria sido falado há cerca de 5.000 anos. Essa protolíngua é o resultado de muitas observações sobre as similaridades e diferenças sistemáticas entre as diferentes línguas realizadas por muitos linguistas a partir do século XIX. Ferdinand de Saussure, considerado o pai da Linguística, em sua dissertação *Mémoire sur le système primitif des voyelles dans les langues indo-européennes*, publicada em 1879, dedicou-se ao estudo das vogais nas línguas indo-europeias como parte do projeto de reconstrução dessa protolíngua.

No mapa de Cavalli-Sforza, as línguas indígenas das Américas estão todas agrupadas no Grupo Ameríndio. Novamente, não há consenso sobre o número de línguas indígenas no Brasil. Seja como for (no mínino 150 línguas), elas descendem de muitas famílias diferentes e há muito a ser compreendido a respeito dessas línguas e de sua influência na formação do português brasileiro.

Qual é a história de formação do PB? Quais foram as línguas de contato? Qual foi a influência das línguas que vieram com os escravos? Que línguas eles falavam? Há muita pesquisa a ser feita. Sabemos muito pouco sobre como surgiram as línguas nos humanos. Parece haver consenso de que elas surgiram na África com os *Homo sapiens* há 100.000 anos. A Paleontolinguística é uma ciência recente que utiliza métodos indiretos para reconstruir a(s) origem(ns) das línguas e tem um papel importante para entender a linguagem humana e sua evolução.

ATIVIDADE

Proponha construir mapas da formação do PB. Trabalhe com o professor de História, de Geografia e retrace esse percurso das línguas. Que línguas havia aqui antes da chegada dos portugueses? Como eram os povos que aqui habitavam, de onde vieram? Há uma variedade de atividades a serem propostas.

2.2 A FACULDADE DA LINGUAGEM: ENTRANDO NO CÉREBRO E/OU NA MENTE

A punição das línguas parece ter sido eficiente no mito: a edificação da Torre não foi adiante porque virou uma Babel. Essa história e muitas outras sobrevivem na nossa língua; por exemplo, quando dizemos que algo está ou é uma babel, significa que está uma confusão. Babel também nos fala de nossa língua mãe, da nossa identidade como humanos. Não há confusão, há compreensão. O que a nossa experiência nos mostrou é que não importa quão diferentes duas línguas sejam, nós conseguimos nos entender e construir uma terceira língua, que não é nem mais a sua nem mais a minha. Lembre-se de que estamos assumindo que as línguas são individuais (cada um com a sua língua!) e mesmo assim não há qualquer perigo de não nos entendermos. As línguas variam, é verdade, mas não variam arbitrariamente e, se não houver um compêndio do bem-dizer, como não há nas inúmeras línguas ágrafas, não vamos deixar de nos entender, não vamos grunhir. Houve uma época em que as pessoas tinham medo de navegar para o horizonte porque a Terra era plana e ao final do horizonte havia uma queda d'água monumental, repleta de monstros marinhos, todos a nos espreitar para acabar dolorosamente com a vida dos desventurados que por ali resolviam se arriscar. Talvez a mensagem fosse "fique em casa, não se arrisque" ou talvez fosse "conforme-se com o que lhe dizem e não saia por aí descobrindo coisas e desafiando o conhecimento estabelecido". Hoje sabemos que não há cachoeira alguma, que a Terra não é plana e que somos apenas (mais) um planeta na imensidão do universo (ou dos universos, segundo alguns físicos contemporâneos). Da mesma maneira, sabemos, hoje em dia, através de várias evidências, que não é possível chegarmos a essa situação traumática de não conseguirmos nos entender. Há os corajosos que se arriscam no desconhecido e, num grande número de vezes, nos levam a repensar o que antes era dado como certo e, assim, avançamos nosso conhecimento, que é certamente limitado.

É de fato muito provável, como já dissemos, que cada um de nós tenha a sua língua, assim como cada um de nós tem o seu código genético. A variação é necessária. Do que sabemos, todas as línguas têm substantivos e verbos. Todas as línguas têm negação e por aí vamos. O linguista Joseph Greenberg foi um pioneiro na empreitada de detectar e classificar esses universais. Em seu trabalho mais famoso, *Language Universals: with special reference to feature hierarchies*, publicado pela primeira vez em 1966 e ainda não traduzido para o português, ele apresenta 45 universais. Se esses universais são específicos da linguagem humana é uma questão em aberto. Certamente, muitos sim[30].

Sabemos que conseguimos nos entender em situações radicais de tradução quando não há tradutores. Sabemos porque já vivemos essa história. É só lembrar os vários exemplos de contato entre culturas que não tinham se encontrado antes: os portugueses quando desembarcaram no Brasil em 1500 e encontraram os índios. Independentemente da língua que esses índios falavam, não só houve comunicação entre eles, como houve aqueles que aprenderam português, e houve também a formação de línguas de

---

30. Cf. Maia (2006) para uma apresentação desses universais.

contato, entre elas a chamada "língua geral", que foi falada no Brasil pelo menos até o século XVII[31].

Há, é claro, muitas questões levantadas por essa situação de contato. Entre elas, podemos perguntar como é possível nos entendermos e, dado um certo tempo, aprender a língua do outro e em várias situações construir uma outra língua? As várias respostas para esse cenário se baseiam na ideia de que, independentemente da nossa cultura, há traços que compartilhamos. As línguas variam, mas não aleatoriamente, e isso é surpreendente! Mais ou menos da mesma forma como há restrições biológicas ao que podemos ser. Por exemplo, podemos ter cinco (ou seis) dedos nas mãos – e ainda seremos humanos –, mas se tivermos cascos ao invés de mãos não seremos mais considerados humanos. Do mesmo modo, nem todas as combinações e/ou variações são possíveis através das línguas; há características universais que estão presentes em todas as línguas humanas e que mostram uma, por assim dizer, lógica das línguas.

Há pelo menos duas maneiras de entendermos esses universais, que são independentes das línguas: (i) eles são o resultado do modo como nós somos, como organizamos nossa vida, como é o nosso corpo; ou (ii), há uma gramática universal, um sistema autônomo, independente de outros mecanismos biológicos, algo como um órgão especializado para a linguagem. Em qualquer dos casos, há uma faculdade da linguagem, como atesta o caso de Christopher, que precisa ser entendida.

Em poucas palavras, Christopher, nascido na Inglaterra em janeiro de 1962, foi diagnosticado, após seis semanas, com uma lesão cerebral que teria consequências para o resto da sua vida. Embora tenha demorado para aprender a falar, tinha uma paixão, desde os 3 anos, por dicionários, catálogos de telefone e coisas do gênero. Aos 3 anos, lia anúncios de jornais

---

31. Há muita pesquisa sobre a história do português brasileiro. O leitor pode consultar Ilari e Basso (2006), entre outros.

e fazia isso independentemente da posição do jornal; lia, inclusive, com o jornal de ponta-cabeça. Quando encontrou textos em outras línguas, ele começou a aprendê-las. Tinha uma facilidade enorme para aprender língua. Esse talento especial para as línguas contrastava com os seus índices em testes de inteligência, que eram bem abaixo do normal. Ele aprendeu dinamarquês, holandês, finlandês, alemão, grego moderno, hindu, italiano, norueguês, polonês, português, russo, espanhol, sueco, turco e galês. Diante desses fatos impressionantes, dois linguistas resolveram avaliar essa capacidade de Christopher. Lançando mão do que eles sabiam sobre gramática universal, isto é, as propriedades linguísticas que caracterizam qualquer língua humana, eles inventaram uma língua que violava essas propriedades universais – que chamaram de Epun. O objetivo era ser uma língua que explicitamente incluía regras impossíveis para as línguas naturais. O grupo de controle (pessoas que não tinham os problemas que Christopher apresentava) e Christopher foram expostos à língua Epun. Christopher fez inúmeras tentativas para aprender essa língua, sem sucesso algum, apesar da sua capacidade para aprender diversas línguas naturais. As pessoas do grupo de controle, por sua vez, conseguiram aprender essa língua.

A maneira mais plausível para explicar essa diferença é entender que essas pessoas aprenderam essa língua porque não estavam utilizando a faculdade das línguas, mas – e esse é o fato importante – mecanismos gerais de inteligência, como, por exemplo, regras de indução. Christopher só podia contar com a sua faculdade da linguagem e não com mecanismos gerais de aprendizado ou de inteligência, dada a sua deficiência e, por isso, ele não aprendeu essa língua[32].

A conclusão mais contundente desse experimento é que há uma faculdade para as línguas que é constituída por um certo tipo de regras, que são universais, específicas para as línguas. Assim, apesar de toda a diversidade

---

32. Se você se interessou pelo caso de Christopher, leia Smith e Tsimpli (1995). Infelizmente não há tradução para o português.

linguística encontrada no mundo, as línguas têm basicamente a mesma estrutura, uma estrutura que permite variação, sem que a variação seja aleatória ou imprevisível. Uma boa analogia pode ser feita com nosso DNA, que é formado por quatro bases, cuja combinação, bastante numerosa, é regrada – a combinação não é aleatória. Sem sombra de dúvidas, a versão mais radical dessa tese, na Linguística, é a gramática universal, cujo divulgador mais famoso é Noam Chomsky.

Não seria equivocado dizer que há ainda muita controvérsia sobre como é essa faculdade da linguagem, mas há também muitas evidências de que a capacidade para a linguagem é única nos seres humanos. Assim, pode ser que não haja um componente que seja exclusivamente responsável pela linguagem humana, o tal "órgão da linguagem" – os sintaticistas gerativos acreditam, e há evidências para isso, que há uma faculdade para a linguagem que é o sistema sintático; pode ser que essa capacidade seja decorrência da interação entre as faculdades e o que haja de único seja esse cruzamento em particular. Mais uma vez, independentemente de *como* entendemos a faculdade da linguagem, não há dúvidas de que **há** uma capacidade para linguagem e que apenas os humanos a possuem.

Vejamos um rápido exemplo de variação interlinguística para mostrar como nem todas as possibilidades de variação estão disponíveis. Retiramos esse exemplo do primeiro capítulo do livro *O desenrolar da linguagem*, de Deutscher (2014). O autor está empenhado em mostrar que uma língua não é um conjunto de palavras soltas, pois, se fosse assim, a sequência a seguir faria sentido:

(1) Tropas vizir seu o trouxe líder o para sultão das o.

Nem todas as combinações de palavras geram uma sentença em uma língua. O exemplo (1) não é uma sentença do português e ninguém precisa explicitar isso numa gramática – embora talvez a ordem do português tenha que ser explicada se estivermos numa situação de ensiná-lo como língua estrangeira. Qualquer falante do português sabe que (1) não é uma sequência gramatical. Como sabemos isso? Porque sabemos quais as regras de composição do português (atenção, aqui estamos falando de um conhecimento que qualquer falante tem, mesmo que não tenha frequentado a escola, mesmo que ele não saiba ler nem escrever, mesmo que ele não saiba o que é uma gramática e mesmo que ele não consiga explicitar quais são essas regras).

Certamente, você sabe que (1) não é gramatical. Mas por que (1) não é uma sentença do português? Que regras estão sendo violadas? Você consegue construir sentenças gramaticais a partir de (1)? Eis algumas possibilidades:

(2) a. O sultão trouxe o seu vizir para o líder das tropas.

   b. O líder das tropas trouxe o sultão para o seu vizir.

Compare, agora, com o que ocorre quando traduzimos (2a) para o turco. Preste muita atenção na glosa; apenas para lembrar, uma glosa é a tradução "palavra por palavra", literal, em que se respeita a sintaxe e a morfologia da língua objeto; é praxe a glosa aparecer entre a frase original da língua objeto e a tradução da língua alvo, como abaixo:

(3) Padişah vezir-ini ordu-lar-ı-nın   baş-ı-na   getirdi
   Sultão   vizir-seu tropa-s-suas-de   líder-dele-para trouxe
   "O sultão trouxe o seu vizir para o líder das tropas."

A glosa acima não permite uma análise fina do verbo – não sabemos se há um morfema de perfectivo, por exemplo –, mas permite observarmos que o verbo aparece em último lugar na sentença. Também podemos notar que o sintagma nominal parece um espelho do sintagma nominal no português: o possessivo, por exemplo, ocorre *depois* do substantivo em turco, ao passo que ocorre *antes* do nome no português. Nenhuma criança turca tem qualquer problema em falar turco; da mesma forma, nenhuma criança, se exposta ao português desde cedo, tem problema em aprender português. Mas as gramáticas de ambas as línguas são bem diferentes.

Há, pois, variação entre as línguas, mas – e esse é o ponto central aqui – essa variação é regrada. Nem toda combinação de palavras resulta numa frase gramatical de uma língua natural. Há princípios universais que são respeitados por todas as línguas. E esses princípios dizem respeito às estruturas das línguas, que ditam como o sistema opera. Há estruturas que são logicamente possíveis, mas são línguas impossíveis, porque violam princípios. Em *The boundaries of Babel. The brain and the enigma of impossible languages*, Andrea Moro (2010) descreve três experimentos com mapeamento de ondas cerebrais e fluxo sanguíneo no cérebro que atestam uma interação entre a Linguística e as pesquisas sobre cérebro e mente. Seu objetivo último é mostrar que os limites para a variação das línguas naturais são detectáveis pelas ondas cerebrais, ou seja, há uma contraparte cerebral, física, para a variabilidade sintática. Na apresentação desses experimentos, o autor mostra que, embora as línguas variem, elas não variam aleatoriamente. Ele discute um exemplo de ordem dos elementos na frase, um caso parecido com o que vimos na rápida comparação entre o turco e o português. Vamos adaptar seu exemplo para o português.

Podemos supor as seguintes variações na ordem do português:

(4) a. Maria disse que João tinha visto uma foto.

   b. Maria João foto uma visto tinha que disse.

   c. Maria uma João foto visto que disse tinha.

   d. João Maria que disse tinha visto foto uma.

Não é difícil, para qualquer falante do português, tendo ou não ido à escola, determinar qual das sentenças acima é gramatical. Certamente, você respondeu que é a primeira, (4a), a única sentença gramatical no português. De fato, as demais parecem saladas de palavras. Mas, como mostra Moro, a sentença em (4b) é uma tradução palavra a palavra, uma glosa, para o japonês da sentença em (4a). Essas duas ordens na verdade diferem minimamente. Uma maneira de enxergarmos essa diferença mínima é construir duas representações com ramificações binárias.

Veja um esboço dessas duas árvores. Para (4a) temos:

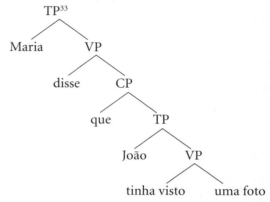

Para (4b) temos:

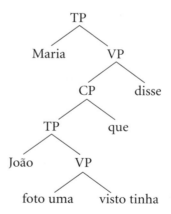

---

33. Essas representações estão inseridas no modelo de análise da sintaxe gerativa. O rótulo TP vem do inglês *Tense Phrase*, que significa sintagma temporal; VP corresponde à *Verbal Phrase*, que significa sintagma verbal; CP é o sintagma complementizador, do inglês *Complementizer Phrase*. Por questão de simplicidade, deixamos os verbos finitos *disse* e *tinha visto* em VP, marcando a sua posição de origem. Também não detalhamos o complexo verbal *tinha visto* por não ser necessário aqui.

Preste atenção nas árvores acima. Você pode ler de cima para baixo (interpretando) ou de baixo para cima (produzindo). Caminhe de baixo para cima (*bottom-up*), como se estivéssemos construindo a estrutura a partir de suas partes menores: *uma foto* e *tinha visto*. No PB vamos da esquerda combinando com o que há à direita e formando estruturas maiores: tinha visto + uma foto = tinha visto uma foto. Já o japonês constrói da direita para a esquerda, o que irá gerar, no fim, uma ordem que parece superficialmente muito diferente da nossa. Uma diferença sintática mínima – construir para a esquerda ou para a direita – leva a uma diferença superficial enorme, como mostram (4a) e (4b). Não importa como explicamos a diferença entre essas sentenças, o ponto crucial é que (4c) e (4d) simplesmente não são estruturas possíveis nas línguas naturais. Não há nenhuma língua que tenha uma sintaxe como a que aparece nessas sentenças; em outras palavras, essas combinações violam as regras universais da linguagem, os **princípios**; por isso, não ocorrem em nenhuma língua do mundo. Veja que esse tipo de "estratégia" da natureza, por assim dizer, reduz muito a tarefa da criança em fase de aquisição. A criança espera uma língua para a esquerda ou uma língua para a direita que devem ser, do ponto de vista evolucionista, as soluções ótimas para o fim a que se destinam. Essas restrições não são aprendidas através do contato com a língua falada em torno da criança; essas restrições vêm conosco, fazem parte da nossa história enquanto espécie. O entorno fornece o dado para a língua ou as línguas que a criança vai falar.

Como já dissemos, sabemos que há um componente genético ligado às línguas naturais. Mas há muita controvérsia sobre como é esse componente, como adquirimos esse componente ao longo da nossa história, como esse componente se relaciona a outros componentes do cérebro/mente, e por aí vão os desdobramentos do que ainda não sabemos, mas que estamos estudando. Os exemplos de controvérsia são numerosos. Por exemplo, Pinker (2008), entre outros autores, entende que a evolução das línguas foi gradual e que não há uma ruptura entre nós e outras espécies. Chomsky, por seu turno, ancorando-se no biólogo Stephen Gold, afirma que há uma ruptura evolutiva[34]. De qualquer modo, o ponto crucial é que nenhuma outra espécie tem uma língua. Há sistemas de comunicação usados por várias espécies: as abelhas se comunicam, os golfinhos etc. Nós nos comunicamos com os nossos animais de estimação e como disse Angelika Kratzer em sua aula magna no Radcliffe Institute da Universidade de Harvard[35]: "For some reason, I would talk more to my cats if there were something coming back. But there isn't"[36]. Não se trata de uma postura antropocentrista, mas de um dado científico que, mais uma vez, precisa ser explicado.

Por mais que tenhamos tentado ensinar outros animais a falar, nunca fomos bem-sucedidos, como mostra o caso do chimpanzé Nim Chimpsky. Uma equipe de linguistas acompanhou a evolução linguística de um bebê chimpanzé, batizado Nim Chimpsky, dos 2 meses aos 4 anos. Nim foi adotado por uma família de humanos quando tinha menos de 2 meses de idade. Eles se comunicavam através da língua de sinais americana – ASL (*American Sign Language*). Essa estratégia foi utilizada porque sabemos que o aparato vocal dos chimpanzés não permite que eles tenham uma língua falada. A pesquisa sobre a capacidade linguística dos chimpanzés é relativamente extensa, principalmente porque eles são os primatas geneticamente mais próximos dos seres humanos e foram, portanto, alvo de várias experiências. Revisar algumas dessas experiências com os alunos pode ser uma atividade muito divertida.

Sem sombra de dúvidas os chimpanzés têm capacidade para manipular símbolos, com alguma complexidade. A pergunta é se eles têm capacidade para falar uma língua natural. (Note que estamos diferenciando a faculdade da linguagem de outras funções cognitivas e note que fazer isso não é

---

34. Uma excelente discussão sobre esse assunto, com uma perspectiva multiteórica, no sentido de que o autor busca entreter diferentes teorias, é Fitch (2010); infelizmente, ainda sem tradução para o português.

35. Assista ao vídeo em https://www.youtube.com/watch?v=DAzSSEPJI2A

36. Por alguma razão, eu falaria mais com os meus gatos se algo retornasse deles. Mas não retorna nada.

equivalente a entender que há um órgão para a linguagem.) Por isso, Nim foi criado numa família de humanos como um bebê, tendo contato com a ASL desde que nasceu, como ocorre com diversas crianças. Os pesquisadores gravaram o progresso linguístico de Nim e viram que ele rapidamente aprendeu 125 palavras diferentes em ASL. Além disso, foram transcritas 25.000 sentenças produzidas por Nim, que foram extensivamente analisadas linguística e estatisticamente. Mais da metade dessas sentenças, após os quatro anos, eram com duas palavras e a ordem não era previsível. Nim sinalizava *Banana comer* e *comer banana* aleatoriamente. Na maior parte das sentenças com mais de duas palavras, havia uma repetição: *banana comer banana*. Não havia, contudo, nenhuma sentença com mais de duas palavras em que uma delas tivesse função estrutural. Na descrição de Petito – a coordenadora do projeto – a maior parte das vezes que uma criança diz algo como *senta cadeira papai*, ela constrói uma estrutura que pode ser uma relação de posse entre a cadeira e o pai, senta na cadeira *do* papai, ou uma ordem/pedido para que o pai se sente. Assim, para a criança não se trata apenas de uma justaposição de palavras, mas de uma "fusão" significativa. Nim, após quatro anos, só era capaz de produzir cadeias de palavras desconectadas. Aos 26 meses, o tamanho das sentenças de Nim era o mesmo das sentenças produzidas por qualquer criança. Com 52 meses, o tamanho das sentenças de Nim continuava o mesmo, enquanto que as crianças produziam sentenças oito vezes maiores. Várias outras evidências levaram o grupo a concluir que, aos 4 anos, Nim tinha um sistema de comunicação que não tinha nenhuma das características da sintaxe das línguas humanas[37].

Essa experiência tem vários desdobramentos. Um ponto fundamental é que uma língua natural não é apenas um sistema de comunicação. Nim se comunicava com a sua família. As abelhas têm um sistema de comunicação extremamente sofisticado; elas conseguem indicar a posição do pólen, a sua

---

37. Se você quiser saber mais sobre essa experiência pode consultar Terrace (1979), mais uma vez sem tradução para o português. Você pode também ver o filme *Project Nim* [Disponível em http://en.wikipedia.org/wiki/Project_Nim_(film)].

quantidade e qualidade, a distância em que se encontra. Mas uma abelha não cria algo novo, ela comunica apenas aquilo para o que ela está geneticamente programada – abelhas nunca poderão, por exemplo, fazer fofoca ou contar uma piada. Como a experiência com Nim mostrou, uma língua é sintaxe, é um sistema de regras que permite combinações infinitas e, consequentemente, a criação de sentenças novas, porque "funde" elementos em sequências significativas: *senta cadeira (do) papai* tem um encaixe diferente de *papai senta (na) cadeira*. As línguas naturais são **composicionais**, isto é, hierárquicas e recursivas, o que as tornam distintas de quaisquer outros sistemas de comunicação. Entender essa propriedade é o objetivo de vários linguistas. Ao longo deste livro vamos procurar esclarecê-la.

Além de não compartilharmos essa característica com nenhuma outra espécie, também foram frustradas as tentativas de transformarmos línguas artificiais ou inventadas em línguas naturais, com exceção daquelas línguas que se baseavam de saída em línguas naturais como o esperanto e o hebraico moderno. Como vimos no caso de Christopher, as pessoas conseguem aprender e mesmo falar línguas inventadas, porque elas utilizam recursos de sua cognição central, mas as crianças, assim como Christopher, que dependem exclusivamente da faculdade da linguagem, não conseguem aprender línguas que violam as regras da faculdade da linguagem.

Há um grupo que se encontra regularmente para falar Klingon[38], a língua dos Warriors no Star Trek, e a primeira língua com direito autoral na história da humanidade. Mas o Klingon só vai se tornar uma língua natural se as crianças aprenderem do berço, e isso só irá ocorrer se suas regras não violarem as regras da faculdade da linguagem. As línguas inventadas[39] que tiveram sucesso em se tornar línguas naturais foram aquelas que se basearam fortemente em línguas naturais e que não violaram nenhuma regra da

---

38. Você pode aprender Klingon em http://www.kli.org/

39. Okrent (2010) é um livro muito interessante sobre as línguas inventadas e como as razões para inventarmos uma língua são historicamente motivadas; infelizmente também não disponível em português.

gramática universal. Esse é o caso do esperanto e do hebraico. Essas regras são tão partes de nós que ao inventarmos uma língua nova respeitamos essas regras, mesmo sem sabermos sobre elas. A não ser que você seja um linguista e resolva construir uma língua não natural. Por que não?

ATIVIDADE

Proponha inventar uma língua com os seus alunos. Como fazemos para construir uma língua? Por onde começamos? Qual vai ser a sintaxe dessa língua? Quais elementos são necessários? Pode também explorar as línguas inventadas que estão nos filmes *Star Trek* e *Avatar*, entre outros exemplos. Pode conversar sobre o hebreu moderno e como se transforma uma língua "inventada" (ou reconstituída) em uma língua materna. Há certamente muito a aprender se estamos envolvidos em projetos de revitalização de línguas.

2.3 A AQUISIÇÃO DA LINGUAGEM

O objetivo do linguista é entender o funcionamento das línguas naturais, que, como vimos, são aquelas que aprendemos em casa sem instrução formal. O fato de que qualquer humano mesmo em situação de extrema precariedade, a menos que tenha sérios danos cerebrais ou genéticos, fala a sua língua e a aprende sem esforço merece uma explicação e um momento de reflexão. Esse é o chamado problema da aquisição da linguagem, colocado por Chomsky quando, com sua famosa resenha do livro *Verbal Behavior* de Skinner, em 1957, fundou a abordagem cognitiva da linguagem.

Essa pequena incursão pelo problema de como as crianças "aprendem" sua língua sem esforço, sem escola e muito rapidamente é mais uma evidência para a faculdade da linguagem[40]. É preciso explicar como as crianças

---

40. Há várias introduções ao problema da aquisição da linguagem, cf., p. ex., Grolla e Figueiredo Silva (2014).

aprendem, com dados tão truncados, sem instrução formal e em tão pouco tempo, um sistema tão complexo como uma língua natural; um sistema que, apesar das intensas pesquisas nos últimos anos, ainda não teve seu funcionamento e sua estrutura plenamente entendidos, nem mesmo para o inglês, uma língua já bem estudada. Imagine o quanto ainda precisamos estudar para entender o Wapichana, o Karitiana, o Yudja e as muitas outras línguas indígenas que são faladas por brasileiros.

Nessa resenha – uma peça acadêmica que deveria ser lida por todos os interessados nas línguas naturais –, Chomsky se opõe ao que então era considerada a maneira de abordarmos cientificamente a mente humana, o behaviorismo. É preciso um pouco de cuidado aqui porque, como veremos no próximo capítulo, enquanto linguistas, os dados de que dispomos vêm do comportamento do falante, entre eles sua reação a certas sequências, o seu julgamento de gramaticalidade. Não é essa posição que está sendo criticada. Chomsky está se colocando contra explicações sobre a aquisição com base na psicologia behaviorista ou comportamental, que preconiza que a aprendizagem se dá por estímulo e resposta.

Sem dúvida aprendemos por estímulo e resposta: o famoso cachorro de Pavlov salivava a cada vez que a sineta tocava[41]. O ponto é que não conseguimos explicar as línguas humanas através dessa máxima. Talvez o argumento mais humanista seja o de que temos livre-arbítrio, podemos decidir o que fazer. A ideia é a seguinte: o cachorro de Pavlov, sempre que ouvia a sineta, salivava porque ele foi condicionado a isto: ao ouvir a sineta ele recebia comida. Assim, quando ele ouve o estímulo, reage conforme o que aprendeu. O problema, diz Chomsky, é que a rigor não reagimos da mesma maneira a um mesmo estímulo, somos criativos, temos livre-arbítrio. O uso linguístico humano é livre de estímulos externos e, neste sentido, ele é claramente contra os comportamentalistas e também aqueles que enten-

---

41. Cf. http://www.youtube.com/watch?v=C40cXKi4c3Y

dem que há uma sobredeterminação da estrutura. Mais uma vez, há muito a ser compreendido.

A **criatividade** de que fala Chomsky é aquela que já vimos que os chimpanzés não têm: a criatividade de construir estruturas sintáticas em que a ordem importa de uma maneira recursiva e funcional. Em outros termos, se aprendemos a colocar uma oração relativa/adjetiva para predicar algo de um certo indivíduo, podemos reaplicar essa regra o quanto desejarmos até um ponto em que a nossa memória não consegue mais acompanhar, mas a **estrutura** de encaixe é sempre a mesma. Veja um exemplo:

(5) João pediu ao seu vizinho, que tinha uma vaca, que acabara de dar cria, que ainda não estava vendida para o seu concorrente, que estava querendo comprar a cria, que João estava interessado... que comprasse um sorvete.

Você certamente interpretou essa sentença, que deve ser nova para você, já que você não deve nunca ter ouvido algo como (5). Nesse sentido muito banal, ela é uma sentença nova. No entanto, você não tem nenhuma dificuldade para entendê-la – talvez você tenha que ler mais lentamente porque há muitas relativas encaixadas. E mais o seu processador mental, por assim dizer, construiu uma estrutura muito sofisticada. Ele "sabe" que comprar um sorvete é o pedido do João. Sabe que quem tinha a vaca era o vizinho e que era a vaca que acabara de dar cria e não o vizinho. É muito sofisticado! Pare e reflita. Vale a pena! As crianças mostram essa criatividade quando produzem sentenças que elas nunca ouviram, mas que são possíveis de serem geradas na sua língua. Uma menina de 4 anos diz, comparando-se a uma menina maior:

(6) Ela é mais granda que eu.

Muitas questões interessantes podem ser discutidas a partir desse exemplo. Podemos descrever como: seu computador mental está aplicando a regra de concordância de gênero num adjetivo que não apresenta marca de gênero. Ela nunca ouviu *granda*, porque não falamos assim, em nenhum dialeto; ela **inventou** essa forma.

Num primeiro olhar, uma boa explicação parece ser imaginarmos que as crianças fazem generalizações a partir dos proferimentos que ouvem. Assim, através da indução (um conceito que veremos com mais detalhe no capítulo 3), depreendem quais são as regras da sua gramática. Podemos explicar o uso de *granda* dessa maneira. Ela teria realizado uma supergeneralização: o gênero feminino é sempre marcado no adjetivo com *a* e não há exceções. Embora esse procedimento deva estar também envolvido na aquisição e possa estar na base para a produção de supergeneralizações que frequentemente escutamos nas crianças. Note a sofisticação da regra! Um outro exemplo aparece quando elas dizem *eu fazi* em que podemos imaginar que elas estão regularizando por comparação com formas como *escrevi*, *comi...* – o problema é que a generalização indutiva não permite explicar por que a criança simplesmente não faz certas generalizações.

ATIVIDADE

Coloque o seguinte problema para a sua sala de aula. Como explicamos que uma criança possa proferir significativamente a seguinte sequência:

(i) Desacende a luz[42].

Nós, adultos, não temos dúvida sobre o que esse verbo significa – é óbvio que não falamos corriqueiramente *desacender*, mas entendemos sem precisar parar para pensar. O que isso significa? Bom, que tanto nós quanto as crianças sabemos muito sobre morfologia, sobre como compor e criar palavras novas, e, utilizando essas mesmas regras, interpretamos as criações feitas. A proposta é que a escola explore esse conhecimento, quem

---

42. Esse é um dado da filha de uma das autoras deste livro.

sabe construindo uma gramática para o *des-*, uma tarefa nada fácil, mas fascinante. Não tem problema se a resposta estiver errada. Caminhamos. Uma primeira ideia é que a criança adiciona *des-* ao verbo *acender*. Note, contudo, que a criança nunca ouve *des-* sozinho e ninguém diz para ela o que *des-* significa (você saberia dizer?). Para complicar as coisas, há muitas palavras em que o *des-* aparece, mas não com a mesma função; pense, por exemplo, em *desenvolver* (versus *envolver*), *desaparecer* (versus *aparecer*) e *despentear* (versus *pentear*). Você pode criar com os alunos listas dessas palavras e depois verificar a história delas. Mas veja como é que a criança "saca" a semântica e a sintaxe do *des-* bem rapidinho e a gente está aqui quebrando a cabeça sem conseguir explicitar a regra? É extremamente complicado, se não impossível, explicar como isso ocorre de um ponto de vista comportamental, baseado apenas em cadeias de estímulo-e-resposta e indução. Mais uma vez, somos biologicamente preparados para fazer isso.

Eis um exemplo do que Chomsky tinha em mente e que serve para mostrar uma propriedade muito importante das gramáticas das línguas naturais: a hierarquia. Mantemos o exemplo em inglês porque ele nos parece mais fácil de visualizar, e em seguida apresentamos um exemplo em português. As crianças ouvem os adultos perguntando com estruturas como as exemplificadas em (7). Repare nas glossas:

(7) a. Is John late?
     Está John atrasado?
   b. Is lunch ready?
     Está almoço pronto?
   c. Is Mary home?
     Está Mary em+casa?
   d. Is Paul sad?
     Está Paul triste?

Depois de ouvir muitas outras sentenças como essas, a criança pode então chegar à seguinte generalização através da indução:

Hipótese 1: Para fazer a pergunta o verbo auxiliar (*is*) se move para a primeira posição da sentença.

Veja que, se a criança aplicasse cegamente a regra acima à sentença em (8), deveríamos ouvir sentenças como (9). Só que isso não ocorre. Na verdade, nenhuma criança jamais vai ter dúvidas sobre como construir a pergunta da sentença em (8) abaixo; ela irá sempre mover o verbo da sentença principal, isto é, a segunda ocorrência do *is*, como em (10) (ou seja, nosso aparato linguístico está interpretando estruturas sintáticas com encaixamento):

(8) John who is sad is tired.

    John que está triste está cansado

(9) * Is John who sad is tired?[43]

    Está John que triste está cansado?

(10) Is John who is tired sad?

    Está John que está cansado triste?

A sequência em (9) é agramatical em sentido forte, já que essa estrutura parece ser impossível em qualquer língua; ela é um dos limites para Babel e precisamos entender por que ela é impossível em não importa que língua. É por isso que nenhum manual de ensino de inglês precisa explicar como fazer a pergunta a partir da sentença em (8); já sabemos isso. Sabemos que vamos mover o verbo da sentença principal, porque sabemos que a estrutura é hierárquica.

Vejamos um exemplo em português. A sentença em (11a) tem duas interpretações: uma em que o pronome *ele* é interpretado como ligado ao sujeito gramatical, e outra em que não está ligado ao sujeito, está livre. Usamos os índices para representar essas diferentes interpretações – índices

---

43. É costume colocar um asterisco antes de uma sequência considerada agramatical.

iguais indicam que estamos falando do mesmo indivíduo; índices diferentes indicam indivíduos diferentes:

(11) a. João disse que ele está cansado.
      b. João$_i$ disse que ele$_i$ está cansado.
      c. João$_i$ disse que ele$_j$ está cansado.

O que ocorre em (12) abaixo?

(12) Ele disse que João está cansado.

A sentença em (12) só admite uma interpretação: *ele* e *João* não são correferentes, não denotam o mesmo indivíduo no mundo, como representado em (13a); (13b) é agramatical:

(13) a. Ele$_i$ disse que João$_j$ está cansado
      b. * Ele$_i$ disse que João$_i$ está cansado

Você pode imaginar que isso ocorre porque o *ele* está numa posição antes de João, mas essa não pode ser a explicação, porque temos (14):

(14) Apesar de ele estar cansado, João ainda vai fazer compra.

Em (14), *ele* e *João* indicam o mesmo indivíduo e *ele* aparece numa posição anterior a *João*. O que esses exemplos mostram é que nós interpretamos as sequências linguísticas não linearmente, apesar de elas parecerem sequências lineares. A estrutura das línguas naturais não é linear, é hierárquica. Voltando ao exemplo em inglês, podemos dizer que a criança não produz algo como (9) porque sabe que a primeira ocorrência de *is* está dentro de uma sentença relativa (*who is sad*), que está encaixada em *John*.

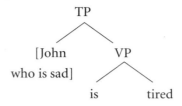

Em *sintatex*, a linguagem da sintaxe, não é possível mover um elemento de dentro de uma relativa porque ela é uma barreira, impedindo que um elemento se mova. Independentemente da descrição, os exemplos mostram que por trás da aparente linearidade dos constituintes há uma hierarquia que é respeitada para que as sentenças sejam bem-formadas. Essa hierarquia não aparece explicitamente nos dados. De fato, foram precisos vários anos na história da reflexão sobre as línguas naturais até que Chomsky enxergasse as hierarquias. Assim, não importa a ordem linear, o que prestamos atenção são as estruturas sintáticas que se constroem hierarquicamente; é por isso que na sentença em (14) no português não importa que *ele* ocorra antes de *João*, porque estamos interpretando a estrutura sintática que está por baixo da ordem linear e nessa estrutura *João* c-comanda o pronome *ele*[44]. Assim, em (14) *ele* só pode ser interpretado como coindexado a *João*, embora linearmente *ele* ocorra antes de *João*.

Em suma, nossa mente/cérebro enxerga na nossa fala estruturas hierárquicas. Nenhuma gramática precisa explicar como se faz a pergunta de uma sentença como (8) para o inglês ou que (12) tem apenas uma interpretação em português. Nenhum manual de ensino de inglês como segunda língua vai explicar que (9) não é gramatical no inglês, porque ninguém vai realizar (9) – ela viola uma regra universal. Só os linguistas produzem sentenças como (9) porque estão criando experimentos com as línguas para tentar entender a sua estrutura. O fato de que nossa faculdade da linguagem interpreta não linearmente as estruturas é algo muito surpreendente. Veja que

---

44. A noção sintática de c-comando é bastante técnica. Confira em Mioto et al. (2013), Kenedy (2013). Para a versão semântica, cf. Heim e Kratzer (1998).

uma regra como essa não é possível de ser apreendida indutivamente, apenas observando as produções dos adultos, embora haja certamente pistas, em particular da prosódia. O que nos leva de volta à hipótese da faculdade da linguagem.

2.4 UM SISTEMA DEDUTIVO

A recursividade e a hierarquia são propriedades das línguas naturais e na seção anterior mostramos um exemplo em sintaxe. Elas recorrem em todos os chamados níveis da linguagem. Não poderia ser diferente para os semanticistas, que também buscam construir um sistema que replique essas propriedades, porque sabemos que as línguas têm essas propriedades. Na semântica fala-se em composicionalidade, que é entendida como **aplicação funcional**. Por exemplo, a sentença *João ronca* pode ser vista como a aplicação de João à função roncar. O resultado será um valor de verdade, verdadeiro ou falso. Na semântica, sentenças denotam objetos "estranhos", mas que habitam o modelo: o verdadeiro ou o falso. Há pelo menos duas questões aqui: a metalinguagem que os semanticistas utilizam é da matemática (e da lógica)[45], e estamos afirmando que a mente funciona assim, que as formas lógicas têm realidade psicológica. Esses são desafios para serem enfrentados com alunos do Ensino Médio e universitário. As relações com as linguagens computacionais são óbvias e é possível montar programas para máquinas.

ATIVIDADE

Uma atividade é construir máquinas que interpretam. Elas são divertidas. Considere uma sentença bem simples como *João ronca*. Imagine que *ronca* é uma função como vemos na matemática, mais especificamente é

---

45. Um desafio na semântica atual é que os sistemas são já bastante sofisticados, envolvendo a linguagem de tipo proposta por Montague acoplada ao Cálculo Lambda. Para uma revisão cf. Partee et al. (1990), entre outros.

uma função injetora. Essa função pega algo do domínio dos indivíduos e resulta em um valor de verdade. Isto é, temos *x ronca*.

A semântica tem o desafio de construir um sistema que replique nossa capacidade de interpretar, que envolve sabermos como o mundo é. Por exemplo, se digo *está chovendo agora em Florianópolis* você imagina um mundo em que há uma cidade que se chama Florianópolis, é o nosso mundo, né?, e nessa cidade está chovendo agora. Para interpretar, você relacionou uma sequência bem-formada sintaticamente a um estado de coisas no mundo. Assim, vamos imaginar um mundo com dois indivíduos apenas, o João e a Maria. Vamos supor que ambos ronquem. Teremos um mundo em que a função de interpretação do predicado x ronca irá retornar verdadeiro para os dois. Mas pode haver outro mundo em que só o João ronca e a Maria não ronca. E mais outro ainda. Claro, os mundos aqui são bem poucos porque temos apenas dois indivíduos. Suponha um modelo que gere as seguintes interpretações:

João ronca   V

Maria ronca   F

Esse sistema é bem pobre. Vamos adicionar um operador, algo que tem como domínio as sentenças e retorne uma sentença. Por exemplo, a negação. Suponha que a sintaxe já nos forneceu a regra de combinação e temos:

João não ronca.

Maria não ronca.

Ora, no nosso modelo sabemos o que essas sentenças significam: é falso que João não ronca e é verdade que a Maria não ronca. Preste muito cuidado na leitura e note quando há ou não itálico. Agora podemos negar a negação: *Não é verdade que João não ronca*. No nosso modelo temos o verdadeiro. É fácil fazer as contas: Não (Não (João ronca)). João ronca é verdadeiro, Logo (Não (João ronca)) é falso. Logo, Não (Não (João ronca)) é verdadeiro. Claro que uma hora o processador entra em pane, porque temos uma memória pequena. Mas a recursão está aí. Veja que podemos representar um modelo usando teoria de conjuntos[46].

Como dissemos, as pesquisas em semântica no mundo atual são muito sofisticadas e acompanhadas por estudos experimentais que mostram como essa nossa capacidade é surpreendente. Vamos apresentar um desses casos. Antes, porém, note que o seu processador semântico é dedutivo. Ele sabe deduzir outras sentenças a partir da verdade de uma sentença ou de um conjunto de sentenças. Vejamos um exemplo. Suponha que a sentença em (15) é verdadeira, isto é, o falante está comprometido com a sua verdade:

(15) Eu não comi pizza no almoço. (Verdadeira)

Se ela é verdadeira, então é verdade que o falante não comeu pizza de anchovas no almoço, que ele não comeu pizza de marguerita, e assim por diante para todos os subtipos de pizza que a criatividade brasileira imaginar, inclusive pizza de morango com chocolate. Qualquer um sabe isso. Ninguém precisa ir para a escola. Note também que não podemos afirmar que o falante não comeu; ele pode ter comido churrasco ou macarrão ou qualquer outra coisa. A única informação que temos é que ele não comeu pizza, talvez não tenha comido nada, mas isso não sabemos. Note que nosso raciocínio é válido se formos do conjunto (pizza) para os subconjuntos (pizza de morango com chocolate). Considere agora que (16) é verdadeira (quer porque é outro falante, quer porque é outro mundo):

(16) Eu comi pizza de queijo. (Verdadeira)

---

46. Pires de Oliveira (2007) e Pires de Oliveira (2013) discutem possibilidades de inserir o estudo da semântica na escola e acoplá-lo à matemática e à lógica.

Muito bem, o que você pode deduzir? Que o falante comeu pizza, certo? Também é possível deduzir que ele comeu algo. Veja, estamos indo do subconjunto (pizza de queijo) para o superconjunto (comida). Estamos lidando com a noção de **acarretamento** ou consequência lógica. Uma certa sentença (ou um conjunto de sentenças) acarreta uma outra sentença. Em outros termos, em todos os mundos em que (16) é verdadeira, as sentenças em (17) também são verdadeiras necessariamente:

(17) a. Eu comi pizza.
　　　b. Eu comi algo.

Considere agora as sentenças abaixo. Mais uma vez, preste bem atenção no que você pode deduzir:

(18) Todos os cachorros (da vizinhança) são gordos. (Verdadeira)
(19) Todos os poodles (da vizinhança) são gordos.

Imagine que (18) é verdadeira. Se ela for verdadeira, (19) tem que ser verdadeira, certo? Certo. Porque poodle é um tipo de cachorro. Se algo é poodle, é cachorro. Se todos os cachorros da vizinhança são gordos, os poodles são cachorros, os poodles da vizinhança são gordos. Também é o caso que, se (19) é verdadeira – estamos invertendo o ponto de partida para o raciocínio –, então (18) **não** é necessariamente verdadeira. Os poodles da vizinhança podem ser todos gordos, enquanto os vira-latas todos esquálidos. Veja que basta um caso em que (19) é verdadeira e (18) é falsa para descartamos que há acarretamento entre elas. Assim temos que (18) acarreta (19), mas (19) não acarreta (18). Isso ocorre porque poodle estabelece com cachorro um certo tipo de relação (uma taxonomia): as propriedades do cachorro são propriedades de suas subespécies, mas o contrário não é o caso. Indivíduos como eu e você temos propriedades que não caracterizam a espécie. Por exemplo, poodles têm pelo encaracolado; enquanto os dobermans têm pelo bem liso e curtinho. Estamos falando de propriedades da estrutura e de relações que são inevitáveis (cf. a discussão sobre dedução no próximo capítulo).

Dizemos que, de (18) para (19), há acarretamento de cima para baixo, porque inferimos propriedades do subconjunto a partir das propriedades do conjunto, que é expresso pelo termo genérico. Podemos encaixar essas sentenças em várias outras e o acarretamento irá se manter:

(20) João afirmou que [todos os cachorros da vizinhança são gordos].

(21) João afirmou que [todos os poodles da vizinhança são gordos].

Alguém que afirma que todos os cachorros da vizinhança são gordos afirma também que todos os poodles da vizinhança são gordos. Suponha que as crianças aprendam indutivamente que a expressão *todos os* sempre leva a um acarretamento para baixo – isto é, do conjunto para o subconjunto – em todas as situações. Assim, sempre que nos deparamos sentenças como (18), em qualquer tipo de encaixamento, podemos inferir (19).

Agora vem a parte interessante. Nem sempre o acarretamento para baixo se mantém. Esse fenômeno não ocorre só com *todos os*, é mais geral. E tem um papel muito importante na explicação de vários fenômenos semânticos, como, por exemplo, a interpretação de itens de polaridade negativa, como *any* no inglês e *levantou um dedo* no PB. Sinta o contraste entre as sentenças abaixo. Leia as duas com curva de declarativa (sem ênfase):

(22) a. João não levantou um dedo para organizar o evento.

b. João levantou um dedo para organizar o evento.

Sabemos que (22a) significa que ele não ajudou. Mas (22b) soa estranha, certo? Sim, porque essa expressão é um item de polaridade negativa; chamado assim porque se imaginou, como primeira hipótese para explicar o fenômeno, que ele exigisse estar sob o escopo da negação, isto é, ele precisa ter uma negação como (22a). Não demorou muito para percebermos que não era essa a restrição. Veja:

(23) Se o João levantou um dedo para organizar o evento, eu fico muito surpreso.

Sua interpretação deve ter sido que ele não ajudou no evento, certo? Essa é uma propriedade bem conhecida e já há experimentos sobre ela, ao menos para o inglês.

Vamos reconsiderar a hipótese indutiva que afirma que a criança induz que *todos os* estabelece uma relação de acarretamento para baixo. Considere o par abaixo. Leia com cuidado, prestando atenção nos acarretamentos:

(24) João duvida que [todos os cachorros da vizinhança são gordos].
(25) João duvida que [todos os poodles da vizinhança são gordos].

A hipótese indutiva prediz que deve haver acarretamento de (21) para (22), do conjunto para o subconjunto, ou seja, se o falante duvida que todos os cachorros são gordos, então ele duvida que os poodles sejam gordos. Só que não, né? (24) não acarreta (25): o falante pode muito bem duvidar que todo cachorro seja gordo e acreditar que todo poodle é gordo. É o caso do mundo em que os poodles são todos gordos, mas os vira-latas são magérrimos. Nesse mundo, faz sentido duvidar que todos os cachorros sejam gordos, os vira-latas são magérrimos e não duvidar que todos os poodles são gordos, porque o falante sabe que de fato todos eles são gordos. Além disso – e esse é um fato extremamente interessante! –, veja que agora (25) acarreta (24): se João duvida que todo poodle na vizinhança seja gordo, então duvida que todo cachorro seja gordo. Se você prestar atenção, verá que o acarretamento agora é do subconjunto para o conjunto, ou seja, trata-se de um acarretamento para cima. A relação se inverteu!

Você pode achar que isso é só uma coincidência, mas não é – longe disso. Inúmeros fenômenos são explicados por essa propriedade do acarretamento para baixo, e pelo fato de que, na negação, as relações de acarretamento se invertem. Esse é um conhecimento sofisticado, e em geral os adultos têm dificuldade de acompanhar sua explicação e entender como ele funciona, mas nenhuma criança erra, elas aplicam esses raciocínios de modo impecável. Se as crianças estivessem raciocinando via indução, elas deveriam pelo menos supor que (24) acarreta (25) por comparação com os exemplos anteriores. Mas as crianças simplesmente nunca fazem isso, elas mostram que entendem perfeitamente essas relações. Note ainda que não há como depreender a regra indutivamente, porque essa regra envolve manipular conceitos como conjuntos e relação de acarretamento.

As crianças sempre aplicam a regra, como se elas soubessem deduzir. Há estudos que mostram isso, por exemplo, Crain, Meroni e Minai (2010). Esses autores estudaram exatamente os exemplos que discutimos e concluíram que as evidências de que as crianças manipulam esse conhecimento "são difíceis de reconciliar com muitas abordagens da aquisição da linguagem, especialmente aquelas que invocam mecanismos cognitivos gerais para explicar essa aprendizagem". Há outras evidências, por exemplo, na aquisição dos numerais, de que as crianças interpretam dedutivamente (via acarretamento); a pragmática, cujo raciocínio é via implicatura, aparece mais tarde e é o mecanismo utilizado pelos adultos. A conclusão é que o mecanismo dedutivo parece ser parte das línguas, da faculdade da linguagem.

Esperamos que essa pequena excursão tenha deixado claro que já há um grande conhecimento sobre as línguas naturais, sabemos que elas são recursivas, composicionais, hierárquicas e muito provavelmente sistemas de inferência. Essas são propriedades que são dificilmente explicadas via indução, ao menos para mentes humanas. Máquinas com uma memória muito grande podem talvez replicar essas propriedades usando apenas a indução. Mais uma vez, não importa como vamos explicar essas propriedades, o nosso ponto neste livro é que as línguas naturais têm essas propriedades. E elas são muito interessantes. O seu sistema cognitivo faz deduções muito sofisticadas.

Capítulo 3

Construindo gramáticas
O método científico na escola

What we observe is not nature itself, but nature exposed to our method of questioning.
Werner Heisenberg[47]

O que observamos não é a natureza em si mesma, mas a natureza que se expõe ao nosso método de perguntar.

3.1 A LINGUÍSTICA COMO LABORATÓRIO DE CIÊNCIAS

Maya Honda e Wayne O'Neil relatam, em um texto de 1993, intitulado *Triggering Science-Forming Capacity through Linguistic Inquiry* ("Despertando a capacidade de formação científica através da pesquisa linguística", em tradução aproximada), uma série de atividades que envolveram a investigação linguística para, como o título de seu artigo sugere, auxiliar no ensino das ciências, incluindo a matemática. Os autores narram uma experiência que durou três anos, envolvendo alunos da sétima à décima segunda séries americanas, ou seja, alunos de 12 a 18 anos, que correspondem, grosso modo, ao nosso Ensino Fundamental até o final do Ensino Médio. A ideia dos autores foi usar as habilidades linguísticas dos alunos como meio de apresentar, sofisticar e ensinar capacidades relativas ao fazer e à argumentação científicos.

---

47. http://www.brainyquote.com/quotes/quotes/w/wernerheis180938.html#uWIsfiuovI Wd4MUL.99

O problema que os autores tinham por objetivo sanar é bastante familiar, e é assim por eles descrito (p. 232; tradução nossa): "[...] depois de passar anos nas aulas de ciência e matemática, ou evitando tais experiências o máximo possível, os estudantes têm pouca ou nenhuma compreensão sobre a empreitada da ciência e da matemática, ou mesmo nenhuma apreciação por ela".

O mesmo vale quando pensamos sobre o ensino de gramática na escola brasileira. Simplesmente não faz sentido dizer que ciência não é interessante! É muito interessante! Pensar sobre a matemática, as línguas, o humano, a natureza é superinteressante! Se a escola não consegue mostrar isso, então é preciso mudar a escola urgentemente. As línguas naturais são muito instigantes. Nossa proposta é que as aulas de língua sejam investigativas em primeiro lugar, que o aluno seja o detetive, que ele se aventure a construir gramáticas.

A investigação linguística baseia-se nos dados de fala e na intuição que o falante tem sobre a sua língua (i.e., má formação de sentenças e não aceitabilidade, p. ex.), e a sua metodologia é aquela das outras ciências empíricas: formulação de hipóteses a partir de dados, testes de hipóteses, reformulação de hipóteses e assim por diante. Os dados linguísticos e a intuição sobre eles estão garantidos. Por isso, a Linguística tem seu laboratório a céu aberto, basta escutar com atenção. Essa proposta foi desenvolvida em comunidades indígenas da Austrália, em comunidades indígenas nos Estados Unidos e em comunidades carentes na América Central (cf. HONDA & O'NEIL, 1993, entre outros) precisamente porque não precisamos de balanças, ou medidores, ou aceleradores de partículas. Claro que se houver laboratórios tanto melhor, porque a visão científica sobre a linguagemé um gancho para projetos interdisciplinares.

Partindo desses pressupostos, Honda e O'Neil relatam as experiências e os resultados positivos alcançados: o desempenho em ciência e matemática dos alunos que "fizeram o papel de linguistas" foi sensivelmente maior que o de alunos que não participaram da experiência. Os alunos tiveram contato com uma empreitada científica real. Do que sabemos, essa experiência não aconteceu no Brasil e é um projeto de pesquisa importante: comparar o desempenho dos alunos que aprenderam a fazer gramáticas com o desempenho do aluno que não refletiu sobre as línguas em várias atividades: leitura, escrita, raciocínio lógico e matemática.

ATIVIDADE

Desenvolver um projeto experimental comparando o desempenho dos alunos que construíram gramáticas com o de outros que só usaram a gramática normativa para tirar dúvida (quando necessário).

A descrição que os autores apresentam sobre o comportamento dos alunos com relação à sua língua é assustadora e, aparentemente, também verdadeira para a realidade brasileira. Os autores notaram que havia uma diferença significativa com relação ao comportamento dos alunos quando eles eram chamados a dar seu julgamento sobre sentenças de sua língua: os alunos da sétima série eram confiantes e rápidos nos seus julgamentos, ao passo que os alunos mais velhos, que estavam na escola há mais tempo, hesitavam na hora de dizer se uma dada sentença era aceitável ou não. Eles haviam perdido sua capacidade de julgamento linguístico? Ou eles estavam com medo de serem repreendidos por não saber falar? Honda e O'Neil (1993) mostram que essa capacidade foi reprimida pela escola. Tal situação se dava, segundo os autores, porque

> seus julgamentos [dos alunos, sobre a (a)gramaticalidade e interpretação de sentenças] era raramente solicitado ou valorizado, e certamente nunca foram o mote para investigações. E por isso eles tinham receio e incertezas diante de nossas questões, como se estivessem sendo levados a alguma armadilha ou constrangimento (p. 245, tradução nossa).

A escola não dá voz ao aluno! A escola cria armadilhas para os alunos! A situação, acreditamos, é mais dramática na realidade da escola no Brasil. Faraco (2008) fala com razão em violência simbólica. Um projeto de pesquisa que investigasse como os alunos brasileiros se comportam com relação à sua língua certamente iria confirmar nossa expectativa de que o aluno, quanto mais avançado nas séries escolares, tanto mais vai ter receio de dar sua opinião sobre sentenças de sua própria língua ou vai considerar que a sua língua é errada, que ele mesmo falando aquela língua não sabe falar aquela língua! A escola bem que poderia não ser um lugar de repressão!

As línguas são excelentes para ensinarmos o raciocínio científico – algo que é necessário independentemente da área para a qual o aluno irá se dirigir –, e ao olharmos para a língua que falamos estamos realizando um ato político significativo, principalmente em comunidades que falam línguas sem prestígio social. Se, de fato sofremos no Brasil de complexo de inferioridade com relação à nossa língua, talvez uma maneira de desfazer o trauma é analisá-la cientificamente. Para realizar esse projeto, o de construir uma gramática, é preciso saber como proceder e entender o método científico.

3.2 A CIÊNCIA, ALGUMAS PONDERAÇÕES

Antes de nos voltarmos para o procedimento científico propriamente dito é importante um posicionamento com relação à ciência. A Linguística se considera ciência desde a sua inauguração, mas não é nossa intenção recontar essa história[48]. Mas ter uma posição crítica com relação à ciência, que se tornou uma palavra mágica para sustentar qualquer produto, ao mesmo tempo em que é acusada de ter uma visão reducionista sobre a natureza ou o mundo. O racionalismo contemporâneo, até porque teve que responder às críticas dos pós-modernos, é bastante cuidadoso com o que entende por verificação, para darmos um exemplo.

É comum lermos ou ouvirmos propagandas em que aparecem as expressões "cientificamente testado" ou "cientificamente comprovado", como se isso fosse suficiente para garantir a segurança de um produto. A bomba atômica foi "cientificamente comprovada"! Nesse tipo de discurso, a ciência entra como um lastro para a qualidade do produto e, portanto, como

---

48. O leitor pode consultar Robins (1979). Para a história da linguística no Brasil, cf. Borges Neto (2005).

um modo de atingir o consumidor. Essa não é uma atitude surpreendente, dado que a nossa sociedade depende fundamentalmente da ciência, que subsidiou as tecnologias que estão a nosso dispor cotidianamente: aviões, computadores, celulares, vacinas, transplantes são possíveis por causa da ciência, assim como a bomba atômica... O século XX conheceu um desenvolvimento explosivo da ciência e da tecnologia que promoveu um discurso mercadológico. A ciência é uma busca por uma explicação da natureza, e aprendemos sobre essa natureza, o que significa que podemos manipulá-la. O método científico permitiu entendermos (dentro do que nos é possível compreender) como ela funciona. Há um lado positivo nisso, como o nosso cotidiano mostra. E há questões éticas que são desencadeadas por esse empreendimento. Entendemos que não há como negar a ideia de que há racionalidade, de que nos apoderamos da natureza (tanto que temos questões ecológicas importantes) e de que é preciso ensinar a argumentar nesse modelo, mas, ao mesmo tempo, sabemos da importância da filosofia, da ética e da compreensão de que há outras formas de conhecimento.

Como qualquer ciência, a Linguística produz tecnologia que, por sua vez, faz avançar o nosso conhecimento sobre a natureza. Galileu desenvolveu o telescópio – que não é uma descoberta dele –, e essa nova tecnologia de observação permitiu que ele entendesse melhor o movimento dos planetas e comprovasse que Copérnico estava correto: é a Terra que gira ao redor do Sol! A tecnologia, como já disse Aristóteles, distingue-se da ciência por sua essência, por assim dizer. O objeto da ciência é "o que necessariamente é" (GRANGER, 1994: 24), pois ela visa à descoberta das leis da natureza, sem qualquer aplicação prática. Trata-se de conhecer a natureza por conhecer a natureza; para compreendê-la. A técnica, por sua vez, visa ao contingente, à produção de meios de atuação sobre a natureza: "A geração de uma obra e [o] conhecimento dos meios para criar coisas que poderiam ser ou não ser e cujo princípio de existência reside no criador e não na coisa criada" (GRANGER, 1994: 24). A técnica visa prioritariamente ao sucesso, enquanto a ciência tem por objetivo a explicação. A técnica é a arte do engenheiro, nos diz Granger, que busca criar objetos, máquinas. "A ciência visa a objetos para descrever e explicar, não diretamente para agir" (GRANGER, 1994: 46). A ação cabe ao técnico, ao engenheiro; ao cientista cabe a especulação.

Se estivéssemos em Viena no início do século XX, com o positivismo lógico, a resposta para a pergunta sobre o que caracteriza a ciência seria transparente: sentenças de observação, isto é, aquelas que podemos cotejar com o real e verificar se ela é falsa ou verdadeira. Seus adeptos entendiam que era possível um conhecimento científico totalmente empírico, com base apenas em sentenças de observação direta sem qualquer interferência do observador. Essa é uma visão insustentável para a física contemporânea. Se houve um momento em que os fenômenos a serem explicados eram observáveis empiricamente – a maçã caindo da árvore –, hoje em dia, na física, o fenômeno é cada vez menos perceptível; por um lado, porque ele é muito dependente da teoria, por outro, porque os procedimentos de observação são altamente sofisticados. Precisamos de grandes aceleradores de partícula para tentar avaliar empiricamente algumas das teorias contemporâneas da física. Nesse sentido, o objeto de observação é dependente da teoria, o que tornaria a física, segundo os critérios positivistas, uma abordagem não científica, o que é um absurdo.

Não há observação neutra. O cientista não é alguém que está fora do seu tempo, da sociedade, da sua psique. Sabemos também que a ciência não é uma evolução racional das ideias, que se sucedem quanto melhor elas descreverem a natureza. Demoramos muito tempo para aceitar que a Terra não é o centro do universo a despeito das inúmeras evidências empíricas e de resultados de predição bastante positivos. Imagine como era importante para os navegadores dos séculos XIV e XV calcular a posição de uma certa estrela no céu no meio do Oceano Atlântico...

Um caso famoso e trágico é o do médico húngaro Ignaz Semmelweis, que descobriu que, se lavasse as mãos e usasse roupas limpas quando fosse fazer partos, haveria uma diminuição drástica tanto do número de parturientes que morriam quanto da mortalidade de recém-nascidos. Na época – estamos falando de meados do século XIX – o bom médico era aquele que tinha seu avental mais sujo. É claro que não se sabia ainda que havia microorganismos, como vírus e bactérias. Em 1848, Semmelweis não perdia nenhuma mulher de febre pós-parto e o índice de mortalidade dos recém-nascidos beirava o zero, tudo porque ele lavava suas mãos antes de lidar com os pacientes. Seu sucesso não foi, no entanto, capaz de alterar a prática médica. Se fôssemos apenas movidos pela razão e pelas evidências empíricas, a prática da assepsia deveria ter sido imediatamente adotada por todos os médicos. Mas não foi isso o que ocorreu. Antes, devido às suas ideias políticas, o livro de Semmelweiss sobre o método para evitar a morte das parturientes e dos recém-nascidos foi ignorado pela comunidade médica da época. Como dizem Broad e Wade (1983: 137, tradução nossa):

> Por que os médicos e os pesquisadores ignoraram a teoria de Semmelweis? Mesmo que eles discordassem de sua teoria, por que eles ignoraram a sua estatística indisputável? Talvez porque eles acharam difícil lidar com as consequências da ideia de que cada um deles, porque não lavavam suas mãos, tinham, sem intenção, enviado inúmeras pacientes para a morte.

Pode ser que ainda demore, mas uma hora vamos aceitar que não há línguas melhores, que não é errado dizer *Os menino saiu tudo correndo*.

A ciência é uma empreitada humana. Seu diferencial é o método rigoroso de análise que não existe nos mitos ou nas abordagens religiosas. Não é por nada que o famoso *Discurso sobre o método*, de René Descartes, tem seu lugar entre os cânones. O século XVII tornou-se um momento de grande florescimento da ciência e foi paulatinamente substituindo a visão teológica do universo – deslocando o homem do centro da criação divina e a Terra do centro do universo – por um entendimento da natureza cuja base não é a fé, mas a observação atenta da natureza e sua explicação através da razão, da análise cuidadosa dos argumentos, do método de investigação.

O procedimento científico parte da observação de um fenômeno, por exemplo, o fato de que os objetos caem. Já salientamos que essa observação é impregnada pela visão de mundo do observador, que se insere dentro de uma tradição de pensamento e que os dados são, na ciência contemporânea, extremamente sofisticados. Se, por princípio, qualquer fenômeno desperta o interesse do cientista, na pesquisa especializada, os cientistas se interessam por fenômenos que são inesperados para uma dada teoria, que contradizem alguma explicação já disponível. O cientista pressente que o que ele está observando é um problema para a teoria, porque é guiado pela ideia de que uma hipótese deve ser falseada.

Uma característica fundamental da ciência é a refutação das hipóteses, e as generalizações de caráter universal devem ser passíveis de serem negadas. Não temos uma teoria científica se não for possível falseá-la, como defende o filósofo austríaco Karl Popper[49]. Essa é uma restrição importante; nem todo enunciado é uma generalização verificável. Considere as sentenças em (1):

(1) a. Os metais se dilatam quando são aquecidos.

  b. Fadas são invisíveis, inaudíveis e imperceptíveis.

  c. No final, tudo termina bem, senão é porque ainda não é o fim.

A generalização em (1a) é falseável, porque é possível montar situações no mundo em que ela seria falsa: basta encontrarmos um metal que não se dilata quando aquecido. Não interessa aqui sabermos se (1a) é realmente verdadeira ou falsa, mas interessa sabermos que pode ser falsa.

Por sua vez, o enunciado (1b) parece não poder ser falseável; afinal, não vemos, ouvimos ou percebemos fadas, então, como tornar (1b) falso? E não há instrumentos que nos permitem ver e analisar esses entes. O mesmo vale para (1c): Como tornar um enunciado como (1c) falso? Se uma coisa está ruim, basta dizer que ela ainda não terminou – e isso comprova (1c). Se uma coisa está boa é porque ela terminou e isso também comprova (1c). Assim, pelo critério de Popper, apenas (1a) é uma generalização científica,

---

49. A literatura sobre falseacionismo e refutabilidade é imensa. Cf. Popper (2007).

(1b) e (1c) não são generalizações científicas justamente porque é impossível torná-las falsas.

É claro que não basta mostrar que uma generalização é falsa para que o modelo seja abandonado, e não é nosso interesse discutir epistemologia da Linguística. O falseacionismo introduz uma ética na ciência que nos parece salutar. O cientista precisa ser claro, usar uma metalinguagem não ambígua, deve mostrar o que está pensando da maneira mais fácil de ser verificada porque qualquer um deve ser capaz de refutá-lo. Trata-se, pois, de um preceito ético: o cientista precisa explicitar sua teoria para que ela possa ser replicada, para que possa ser refutada ou comprovada pela comunidade. É por isso que a ciência adota uma linguagem formal – lógico-matemática – como metalinguagem para a formulação da sua teoria. Uma linguagem arregimentada, controlada, permite que as generalizações sejam apresentadas com um grau mínimo de ambiguidade e vagueza, o mais explicitamente possível. Uma teoria científica deve ser exposta passo a passo, utilizando a linguagem lógica ou matemática, a fim de facilitar o seu processo de verificação. O controle da ciência é público e explicitar seus métodos é obrigatório. Este é o procedimento: andar um passo por vez buscando explicar o mais explicitamente possível o que está acontecendo e como cada passo foi dado.

Vejamos um exemplo de teoria e refutação na Linguística recente. Em certo momento, o fenômeno a ser compreendido eram as sentenças complexas, como exemplificado abaixo:

(2) João saiu e ø morreu[50].

Em (2) temos a coordenação de duas sentenças através da conjunção *e*. Veja que em (2) há um elemento vazio, isto é algo que é interpretado, mas

---

50. Vamos usar o símbolo do vazio ø para marcar quando o elemento não é explicitamente pronunciado.

não é pronunciado o sujeito da segunda oração, a oração coordenada. Marcamos ø em (2) para indicar esse lugar vazio. Naquele momento, estamos nos idos anos 70, a comunidade estava trabalhando uma versão da Gramática Transformacional, a teoria postulava que a forma profunda (ou forma lógica) dessa sentença era algo como:

(3) João saiu e João morreu.

Porque é isso o que a sentença em (2) diz. O vazio em (2) só pode ser interpretado correferencialmente, isto é, estamos falando do mesmo indivíduo, por isso (3). Na passagem para a estrutura superficial havia uma regra de apagamento do elemento *João* na segunda sentença. Esse apagamento produz (2). Barbara Partee, considerada a fundadora da Semântica das Línguas Naturais, levantou um argumento que refutou essa hipótese, isto é, mostrou que essa hipótese não se sustentava, o que levou a uma nova teoria. A autora aponta corretamente (e contra as predições) que as sentenças em (4) e (5) não têm o mesmo sentido:

(4) Alguém saiu e morreu.
(5) Alguém saiu e alguém morreu.

A Teoria Transformacional gerava resultados incorretos, porque predizia que (4) e (5) eram sinônimas, como é o caso de (2) e (3). Mas (4) e (5) não são sinônimas. A sentença em (4), *Alguém saiu e morreu*, tem uma única interpretação, que é, portanto, obrigatória: o mesmo indivíduo que saiu – houve pelo menos um que fez isso – é o indivíduo que morreu. O elemento vazio na segunda sentença deve ter o mesmo referente de quem quer que seja o referente da principal. Temos variáveis (no sentido lógico/matemático) que estão presas por um quantificador. Há aqui muita conversa a ser feita. Quantificadores é um capítulo central na semântica e não é possível fazer juz ao tema em poucas linhas. Note que podemos representar (4) como abaixo:

(6) Existe uma pessoa que saiu e essa pessoa morreu.

"existe" é o quantificador, ele diz que há um x pessoa que esse x pessoa saiu e esse x pessoa morreu. Fazemos isso na matemática constantemente quando temos uma equação, por exemplo. O x varia, mas na equação ele precisa ser substituído pelo mesmo indivíduo. Pense: $2 + x = 2x - x$. Algo como:

(7) Há pessoa x tal que x saiu e x morreu.

Estamos bem próximos de uma representação em Cálculo de Predicados[51]. Conseguimos assim caracterizar que a correferência é obrigatória, o que de fato é o caso, afinal a sentença em (4) não reporta uma situação em que a Maria saiu e o João morreu. Essa não pode ser a representação de (5), *Alguém saiu e alguém morreu* porque estamos diante de uma interpretação diferente: ela permite (mas não obriga) que sejam indivíduos distintos. Ela reporta a situação da Maria ter saído e o João morrido, mas também é verdadeira se foi a mesma pessoa que saiu e morreu. A diferença é que em (4) essa é a interpretação obrigatória: a coindexação é necessária. Para representar essa interpretação precisamos usar variáveis distintas:

(8) Há uma pessoa x tal que x saiu e Há uma pessoa y tal que y saiu.

Não se iluda, o fato de que *x* e *y* são letras diferentes não garante que estamos diante de indivíduos distintos; *x* e *y* são variáveis, logo pode bem ser

---

51. Em Cálculo de Predicados, podemos propor uma descrição como: $\exists x\ (Px)\ (Sx \land Mx)$, para tentar captar que *alguém* carrega duas informações: existe um e é pessoa. $\exists$ é o quantificador existencial. Px é o conjunto de pessoas, Sx é o predicado que congrega as coisas que saíram e Mx as coisas que morreram. $\land$ indica a conjunção *e*.

que tenha sido a mesma pessoa que saiu e morreu. É certo que normalmente imaginamos que (5) é verdadeira apenas de pessoas diferentes. Fazemos isso, com toda razão, porque esperamos que o falante seja cooperativo, dê o máximo de informação que ele tem. Veja que se é isso, por que o falante daria a informação de que é possível que sejam duas pessoas diferentes, quando ele sabe que foi a mesma pessoa e tem uma maneira de expressar isso. Não é essa, portanto, a leitura que ele pretende que seu ouvinte atribua a ele. Se for isso, estamos diante de uma implicatura; mas essa é tarefa para outro momento[52].

Já refutamos a Teoria Transformacional. Mas agora precisamos explicar o que está acontecendo: o conjunto todo de dados, de (2) a (5). Além disso, o problema é mais geral, diz respeito à relação entre coordenação e quantificação. Isso envolve analisar não apenas os dados já levantados, mas muitos outros: *Um menino saiu e morreu, O menino saiu e morreu, Muitos meninos saíram e muitos meninos morreram.* Estamos construindo um **sistema** e as partes estão relacionadas! É um quebra-cabeça dos bons. Enfim, a observação de Barbara Partee modificou a teoria em vários sentidos. Por exemplo, foi um dos argumentos para a adoção do Cálculo Lambda[53]. Fundamental para o empreendimento científico é formular hipóteses e refutá-las. E há diferentes maneiras de construirmos uma generalização, como veremos na próxima seção.

3.3 INDUÇÃO, DEDUÇÃO E ABDUÇÃO

O cientista formula hipóteses com relação aos fenômenos (o conjunto de fatos) que ele quer investigar, porque esses fenômenos têm interesse teórico. Tais hipóteses fazem previsões e têm certas consequências que são contrastadas com os fatos. Se uma hipótese se mantiver frente aos fatos, dizemos que ela foi corroborada e podemos mantê-la para contrastá-la,

---

52. Esse é o famoso modelo de Grice. Uma introdução é Pires de Oliveira e Basso (2014).
53. O Cálculo Lambda exige um livro à parte. Entre as suas vantagens está o fato de que com ele é possível capturar a diferença entre as sentenças (4) e (5). Cf. Partee et al. (1990).

então, com outros fatos, avaliar outras predições que ela faz e relacioná-la com outras hipóteses. Se uma hipótese não resistir aos fatos, ou seja, se houver um fato que não é abarcado pela hipótese, ou se uma previsão que a hipótese faz não é o caso, então devemos refutar ou reformular a hipótese. É claro que as teorias fazem previsões sobre o que ainda não foi confirmado. Foi o que ocorreu com Einstein, as confirmações foram feitas depois de a teoria ter sido proposta. Mas a teoria foi proposta porque havia "furos" no modelo newtoniano.

Nesta seção, olharemos com mais cuidado para os modos de construir hipóteses e de tirar conclusões, compreendendo melhor as interações entre observar os fatos, construir hipóteses, retornar aos dados, reformular as conclusões e assim sucessivamente. Tradicionalmente, distingue-se três maneiras de construirmos uma hipótese: (i) deduzimos afirmações a partir de outras afirmações que consideramos verdadeiras; (ii) induzimos generalizações a partir de dados; e (iii) raciocinamos com "razoabilidade". No nosso dia a dia, assim como no dia a dia do cientista, acionamos todas essas maneiras de raciocinar. Vamos apresentá-las separadamente para podermos explicar cada uma delas.

Talvez a ideia mais intuitiva e ingênua que há no senso comum sobre como se faz ciência é a indução. Ela corresponde à imagem que o senso comum tem do cientista. Ele observa fatos singulares no mundo e estabelece uma generalização. No linguajar filosófico-científico, induzir significa "generalizar a partir de um conjunto de dados ou observações". O exemplo famoso de indução na literatura diz respeito aos cisnes:

(i) você observa um cisne e percebe que ele é branco
(ii) você observa outro cisne e percebe que ele é branco
(iii) você observa outro cisne e percebe que ele é branco
(iv) você observa ainda outro cisne e percebe que ele é branco
(v) você observa mais um cisne e percebe que ele é branco
...
Conclusão: Todos os cisnes são brancos.

A intuição por trás da indução é que um número razoavelmente grande de observações de um padrão – no caso, a cor dos cisnes – autoriza fazermos uma generalização, de aprendermos uma regra – a de que todos os cisnes são brancos. A existência de um cisne não branco (preto, marrom, alaranjado...) põe em xeque a generalização e pede uma revisão da hipótese de que todos são brancos. Veja que chegar à generalização expressa na conclusão do raciocínio não explica a razão de os cisnes serem brancos, mas aponta para padrões de recorrência.

Na ciência atual, o método indutivo parte de um grande número de observações controladas, tendo em vista uma ampla variedade de condições. Se todas essas observações do fenômeno possuírem sem exceção – ou ao menos para um grande número delas – uma propriedade qualquer, então é possível concluir que esse fenômeno, em todas as suas ocorrências, tem aquela propriedade. Esse tipo de abordagem ocorre em várias áreas da ciência; na Linguística, ele é adotado pela Sociolinguística, por exemplo, que investiga um grande número de ocorrências de fenômenos linguísticos em bancos de dados. A indução tem um papel muito importante na ciência; por isso mesmo os métodos indutivos contemporâneos são muito sofisticados, com amparo em modelos estatísticos, por exemplo. O tamanho da amostra, a homogeneidade dos dados, o quanto dos dados não se comportou como esperado, qual é a probabilidade de termos uma nova ocorrência do padrão etc. devem hoje em dia ser levados em consideração. A indução, acompanhada pela formulação de hipóteses, nos dá probabilidades e já houve quem dissesse (Heisenberg, p. ex.) e quem negasse (Einstein, p. ex.) que Deus joga dados[54].

Se não há ciência sem a observação atenta dos dados, também não há ciência sem inferir outras proposições daquilo que tomamos como verdadeiro, como é o caso da hipótese 1. Raciocinamos dedutivamente quando de

---

54. Cf. a palestra de Stephen Hawinks sobre o tema http://www.hawking.org.uk/does-god-play-dice.html

afirmações que são consideradas verdadeiras inferimos as suas consequências lógicas. O exemplo clássico sobre a finitude humana vem de Aristóteles. Se consideramos que (9) e (10) são verdadeiras, o que podemos concluir?

(9) Todo homem é mortal. (verdadeira)

(10) João é homem. (verdadeira)

A conclusão inevitável é que João é mortal. Não há escapatória. Por isso, na dedução a relação é válida, sem exceções. Considere o seguinte par de sentenças:

(11) Se os gatos miam, então os gatos têm cordas vocais.

(12) Os gatos miam.

Se de fato há uma relação causal entre gatos miarem e eles terem cordas vocais e se sabemos que gatos miam (por indução, p. ex.), sabemos que eles têm cordas vocais. Assim se sabemos que (11) e (12) são verdadeiras, podemos concluir que os gatos têm cordas vocais. Ou seja, se a sentença *Se A, então B* é verdadeira e a sentença A é verdadeira, logo B também o é. Esse é o chamado *modus ponens*. Outro tipo de raciocínio dedutivo também muito importante para a ciência é o chamado *modus tollens*. Suponha novamente que temos uma relação causal entre os gatos miarem e eles terem cordas vocais, isto é, suponha que (11) seja verdadeira. Entretanto, descobrimos inesperadamente, inspecionando os gatos, que eles não têm cordas vocais. Logo, sabemos que o consequente de (11) é falso, porque (13) é verdadeira:

(13) Os gatos não têm cordas vocais.

O que podemos concluir? Podemos concluir que os gatos não miam. Ou seja, se é verdade que *Se A, então B*, e B é falso, podemos concluir que A é falso.

ATIVIDADE

Vamos exemplificar como indução e dedução trabalham juntas na elaboração de hipóteses sobre um fragmento do português. Suponha que queremos entender o vazio em sentenças como:

(i) João saiu e morreu.

(ii) Maria casou e separou.

(iii) Pedro está doente e foi embora.

Indutivamente podemos imaginar que se há um elemento nulo e o sujeito é um nome próprio, então temos uma interpretação correferencial. Essa hipótese pode ser interpretada de duas maneiras: há uma correlação forte entre os fenômenos, de forma que só há interpretação correferencial se houver um vazio e um nome próprio; a interpretação fraca diz que há outras maneiras de termos a interpretação correferencial, mas se houver um vazio e um nome próprio, teremos correferencialidade.

No cenário forte, ela será falsa, se houver um caso em que temos uma interpretação correferencial e não temos um elemento nulo na segunda oração. Estamos usando a dedução. Estamos lendo a hipótese como uma coisa se, somente se a outra coisa também (em linguagem lógica $p \equiv q$). Se for isso, então nossa predição é que se p for falso, q também é falso. Agora podemos voltar aos dados e verificar se esse é o caso. Certamente é o que temos de (i) a (iii), mas o que ocorre com as sentenças em (iv):

(iv) a. O João dançou e ele cantou.

   b. O João dançou e o João cantou.

(iv a) é um caso em que a interpretação correferencial é possível; (iv b) se *João* é o nome de um único indivíduo, então a correferencialidade é necessária. Se a leitura forte da hipótese estivesse correta, deveríamos esperar que houvesse um elemento vazio na segunda oração nas duas sentenças, mas não há. O que temos em (iv a) é um pronome realizado abertamente e em (iv b) a repetição do sintagma nominal. Logo, a leitura forte da hipótese não é verdadeira. Ela precisa ser abandonada. A correlação entre o vazio e a correferencialidade parece dizer respeito apenas ao vazio e não à correferencialidade, que é a versão fraca da hipótese: se há um elemento nulo na segunda sentença coordenada, então ele necessariamente deve ter interpretação correferencial.

Essa hipótese explica de (i) a (iii). Além disso, ela não faz predições incorretas sobre as sentenças em (iv), precisamente porque ali não há elemento vazio. Assim, essa é uma hipótese melhor, mas precisamos de algo mais forte para poder ter certeza de que essa hipótese é o caso. Precisamos tentar falsear a hipótese. Imaginar que a hipótese é falsa. Só há um caso que falseia essa hipótese. Se o antecedente for verdadeiro – há um elemento nulo na sentença – e o consequente for falso – esse elemento não tem interpretação correferencial. Claro que se "correferencial" significa ter o mesmo referente, é fácil mostrar que essa não é uma boa hipótese, porque temos vazio em (v) abaixo, mas o que é retomado não é o mesmo referente:

(v) O João beijou o Pedro e a Maria.

Há uma leitura em que o João beijou o Pedro e a Maria juntos e nesse caso não há um vazio; mas há outra leitura em que o João beijou o Pedro e o João beijou a Maria (não no mesmo momento), nesse caso temos um vazio, mas ele não é correferencial, ele retoma *o João beijou*.

A abdução também é muito útil na ciência, porque permite estabelecer uma relação causal a partir de generalizações indutivas. Se acordamos de manhã e vemos que está tudo molhado, concluímos que choveu durante a noite. Nada mais natural: se está tudo molhado, é porque choveu. Assim, a hipótese é como em (14):

(14) Em geral, se está tudo molhado, então choveu.

Só que (14) não permite concluirmos, mesmo que esteja tudo de fato molhado, que choveu, mas apenas que normalmente é isso o que ocorre. Permite imaginarmos que a melhor explicação é a chuva, mas não exclui que há outras causas para estar tudo molhado além da chuva, por exemplo, passou um helicóptero durante a noite e jogou água por tudo. Parece estranho isso, mas não é. É comum encontrarmos, na filosofia e na semântica, o termo *ceteris paribus* (expressão latina que pode ser traduzida por "mantidas inalteradas todas as outras coisas") para indicar o raciocínio que se ampara num desenvolvimento normal das situações. Por exemplo: se tudo correr normalmente, sem incidentes, se alguém está atravessando a rua, esse alguém atravessa a rua. Mas note que suspendemos os acidentes.

ATIVIDADE

Veja o que ocorre se acrescentarmos *em geral* à hipótese indutiva sobre o vazio: *Em geral, a interpretação é correferencial, se há um elemento nulo na segunda oração.* Agora as sentenças em (iv) não são um contraexemplo, porque elas podem ser apenas exceções. Essa nova hipótese nos diz que vamos encontrar mais ocorrências de sentenças de (i) a (iii) do que sentenças como as em (iv). E esse pode ou não ser o caso. Veja que agora temos um raciocínio mais fraco do que a dedução.

A pragmática é a ciência que lida com os raciocínios razoáveis, as implicaturas[55]; a semântica lida com aqueles que são acarretamentos, raciocínios logicamente válidos. Há muito a se dizer sobre esse tópico, mas para nós interessa apenas mostrar que saber uma língua é também saber raciocinar, e essa capacidade de inferir não pode ser explicada apenas indutivamente. Na seção anterior, vimos que não é possível para a criança induzir uma regra que explique a construção de perguntas e as relações de anáfora. Essa é uma evidência de que a criança já vem "equipada" para construir relações

---

55. Essa tese é controversa; estamos nos amparando em Chierchia (2013).

de hierarquia de um certo tipo. Esse sistema, com o qual a criança já vem equipada, é um mecanismo de inferência poderoso, que envolve computarmos ao mesmo tempo inferências válidas, induções e inferências razoáveis (implicaturas)[56].

3.4 O DADO NEGATIVO

Já usamos o dado negativo em vários momentos neste livro. Ele é essencial na construção de um modelo para as línguas naturais. Na Linguística atual é cada vez mais comum os estudos se ampararem em testes de julgamento de gramaticalidade, em testes de valores de verdade e de não aceitabilidade de um proferimento em um dado contexto[57]; todos eles fazem uso da ideia de que o falante conhece a língua do outro, reconhece e julga os proferimentos de sua língua. Esses são mecanismos que permitem identificar um falante estrangeiro ou alguém cuja gramática difere da nossa. Por exemplo, a sequência *Comprei o moto lindo hoje* não é uma sentença do português, porque no português *moto* é feminino. Essa é uma sentença que não pertence à nossa gramática.

ATIVIDADE

Vamos ver como testar a intuição. Primeiro, é preciso muito cuidado para não cair na noção de erro. Por exemplo, dizer que a negação no PB é dupla e que, portanto, somos ilógicos, enquanto o inglês, por exemplo, é lógico porque não aceita dupla negação. Estamos diante de pelo menos três questões aqui, entre elas o lugar do cálculo na descrição das

---

56. Cf. Pires de Oliveira e Basso (2014) para uma introdução à pragmática.

57. A área dos experimentos, quer para testar teorias, quer para entender o funcionamento da linguagem na cognição, está em pleno florescimento. Cf., p. ex., Cunha Lima (2013), Maia (2015), entre outros.

línguas. Você quer testar a intuição do falante. Como o falante avalia uma sentença como:

(i) João não viu ninguém.

Um teste de interpretação possível é pedir para o participante escolher como ele entende a sentença. Você entende que ele viu uma pessoa ou que ele não viu pessoa alguma. Preste atenção em *alguma* na última sentença. Não temos dúvida de que (i) significa que ele não viu nenhuma pessoa. Um teste de valor de verdade pode realizar esse experimento, pareando uma "situação", que pode ser produzida por fotos ou filmes, ou atuação, se o participante for criança e uma sentença, que é uma descrição de um estado de coisa. Um teste de aceitabilidade ou agramaticalidade é avaliar o seu julgamento de (ii) em contraste com (i):

(ii) João viu ninguém.

(ii) é estranha, certo? Vamos dizer marcada, ok? De novo, esse é um conhecimento que os falantes têm. E não aparece só com o *ninguém*, obviamente! Nada na língua deixa de fazer sistema. Compare:

(iii) a. João comprou nada.
    b. João não comprou nada.

Você sente uma diferença entre elas? (iiia) parece menos natural, mais marcada, enquanto (iiib) é natural, é como falamos. Qual é a interpretação da sentença natural? A de que não há uma coisa tal que o João comprou essa coisa. É fácil representar: não existe um algo x tal que João comprou x. Exatamente a mesma forma lógica que a sua contraparte no inglês:

(iv) John didn't buy anything.

O inglês, como sabemos, não admite "dupla negação". A tradução palavra a palavra de (iiib) é agramatical em inglês:

(v) * John didn't buy nothing.

As intuições são diferentes porque as línguas são diferentes e precisamos explicar essa diferença entre as línguas. Há muito o que ser compreendido sobre a negação no PB, mas é claro que estamos diante de um tipo de língua em que os elementos negativos têm que concordar. É só na posição em que a negação está mais alta, isto é, na posição de sujeito, que as palavras-**n** aparecem sozinhas, por assim dizer:

(vi) Ninguém viu o João.

Nosso objeto de estudos é a avaliação dos falantes sobre a sua língua, o cálculo lógico é a nossa metalinguagem para capturar nossas intuições. Traduzir (iiia) por dupla negação é fazer uma tradução palavra a palavra, sem atentar para o que está sendo dito, esse sim nosso objeto de estudos.

Os falantes podem não saber descrever as regras da sua língua – para isso eles precisam ser linguistas ou gramáticos –, mas eles certamente fornecem julgamentos sobre estruturas que eles sabem que fazem parte da sua gramática e outras que eles não consideram como parte da sua língua, ou porque não podem ser geradas por sua gramática ou porque a interpretação não é permitida. Já vimos no capítulo anterior que há restrições gramaticais bem robustas. É o que ocorreu na sentença abaixo; note os índices diferentes que indicam que os referentes são diferentes:

(15) Ele$_i$ disse que João$_j$ saiu.

Sabemos que essa interpretação da cadeia sonora /ele$_i$ disse que João$_j$ saiu/ não é possível no PB e precisamos explicar esse fato. Mais ainda, se essa for uma propriedade não apenas do PB, mas de muitas (talvez de todas) as línguas, então estamos diante de uma restrição universal. Na elaboração de gramáticas que procuram entender como é o conhecimento interno/alizado que um falante tem sobre as regras de sua língua, que é seu conhecimento linguístico, os linguistas utilizam esse conhecimento dos falantes. Há, hoje em dia, experimentos que buscam comprovar os correlatos neuronais do que ocorre quando nos deparamos com sentenças que, por um motivo ou por outro, são "estranhas". A ativação saliente do N400, um agrupamento de neurônios, está associada a violações sintáticas como vimos no exemplo acima. Já o P600 indica que há algo de estranho de natureza semântica, algo que exige mais atenção do participante. Há um contraste entre:

(16) a. O João chegou ao Pico do Aconcágua por 5 dias.

b. O João chegou ao Pico do Aconcágua em 5 dias.

Esse contraste aparece em outros lugares da língua e indica que prestamos atenção em coisas como o fim natural de um evento, seu telos. Seja como for, se o participante está lendo (16a) monitorado por um EEG, vamos poder medir se há uma diferença na ativação cerebral e onde essa diferença acontece. Veja que podemos medir o momento em que essa ativação inicia, a sua duração... Estamos falando de medir reações do seu cérebro!

Sem qualquer sombra de dúvidas, a metodologia do dado negativo é uma contribuição importante de Chomsky para a Linguística naturalista – tanto para os chamados formalistas quanto para os funcionalistas. Chomsky notou que as metodologias indutivas, aquelas que fazem generalizações a partir dos dados efetivamente produzidos pelos falantes, não conseguiam explicar por que os falantes nunca produziam ou interpretavam certas combinações, nem por que certas combinações não eram geradas nem por hipótese, como vimos no capítulo anterior com o exemplo da interrogativa em inglês e a sua aquisição pelas crianças. Assim, há sequências que indutivamente deveríamos esperar que as crianças produzissem/

interpretassem (e elas não produzem/interpretam jamais); há sequências que nunca vão ser detectadas em banco de dados; há aquilo que o falante recusa como parte de sua língua. Essas são atividades complementares e que se ancoram na ideia de que os dados negativos são pistas para chegarmos às regras; afinal, não temos acesso a elas diretamente[58].

Ele não deve, no entanto, ser confundido com o conceito de erro – é muito comum, mesmo entre professores universitários que têm formação em Linguística, haver essa confusão, por isso vamos explicá-la. O dado negativo não é errado, ele simplesmente não é gerado pela gramática. Não é possível encontrar dados negativos rastreando banco de dados, porque eles não ocorrem, mas o falante pode fornecer esse tipo de dado, porque ele reconhece se uma certa combinação é ou não parte da sua língua. Mas quem produz esse dado é o linguista em seu escritório, ele inventa algo que ele sabe que não é produzido naquela língua. E isso é bom verificar, certo? Por exemplo, qualquer falante do PB aceita a sentença em (17). Mas essa sentença é agramatical no PE e nas outras línguas românicas:

(17) O João comprou livro hoje. (PB[ok], PE*)

Não faz sentido afirmar que (17) é errada ou certa. Ela é ou não é produzida/interpretada por uma certa gramática, um conjunto de regras. Ela é produzida/interpretada pela gramática do PB, mas não é gerada pelas regras do PE. Precisamos explicar como são essas gramáticas e há linguistas trabalhando nessas questões.

Insistindo, o conceito de erro não faz parte de uma investigação naturalista; um objeto cair não é um erro, assim como se ele flutuasse também não seria um erro; o fato de que temos dois braços, e não três, não é errado, é resultado do processo evolutivo. Se o nosso cérebro reage a certas estruturas, se para interpretar ele faz deduções, é isso o que temos de explicar. Não

---

58. Sobre o dado negativo, cf. Pires de Oliveira (2010).

é errado ou ilógico *João não viu ninguém* porque não há duas negações aí. Se houvesse teríamos de explicar por que os falantes se comportam dessa forma. Mas eles não se comportam assim e isso diz muito sobre como é a relação entre as línguas naturais e a lógica.

A noção de erro pressupõe que há uma normativa que estabelece o que é o correto. Ela tem a sua função em várias atividades humanas, mas não pode ser aplicada aos fenômenos da natureza (afinal, não tem sentido algum dizer que a natureza está certa ou errada, ela é o que é). Por exemplo, o sistema de trânsito é um sistema convencional, não natural, socialmente construído, em que há uma norma convencionalizada que dita o que é certo e o que é errado. Por exemplo, o sinal vermelho indica proibido avançar. Veja que nesse tipo de sistema de comunicação não há negociação e nem é possível brincar, por assim dizer: de repente a gente começa a usar o sinal vermelho para parar, por exemplo. Há também a noção de erro que diz respeito ao que sabemos sobre a natureza. Por exemplo, sabemos que teorias que entendem que a Terra é o centro do universo não se comprovam empiricamente. Elas fazem predições incorretas e atualmente podemos ver que não estamos no centro e mais que o universo é muito grande e misterioso. Seja como for, a noção de erro também faz sentido na investigação científica, mas não para caracterizar os fenômenos que queremos explicar; ela faz sentido para avaliarmos teorias que visam explicar esses fenômenos. Sabemos, hoje em dia, que a teoria geocêntrica está errada porque não condiz com o que ocorre efetivamente na natureza. Vimos que a nossa hipótese 1 na leitura forte estava errada. Teorias podem estar erradas, mas a natureza não está nem errada nem certa. Vejamos como isso funciona na prática, analisando alguns fenômenos das línguas naturais.

3.5 (DES-)CONSTRUINDO HIPÓTESES GRAMATICAIS

O tópico classes gramaticais faz parte do conteúdo programático do Ensino Fundamental. A prática comum é esta: o professor fornece as definições que estão nas gramáticas normativas que, em geral, são aquelas que estão no livro didático e pede para o aluno achar no texto exemplos das diferentes classes de palavra. Não há qualquer preocupação em parar e se perguntar sobre o que é uma classe gramatical, para que ela serve, será que o que temos nas gramáticas tradicionais é o melhor modo de distinguir-mos as classes de palavra no PB? Há uma classe de interjeição? E advérbio? Faz sentido agrupar elementos tão diferentes numa classe chamada "pronomes" (pessoais, interrogativos, demonstrativos...)? O texto vai ajudar a entender o que são as classes de palavras? E as classes de palavras vão se mostrar necessárias para que o aluno compreenda o texto? Há, enfim, várias questões aqui. Um movimento possível, que entendemos que não vale a pena, é tirar a questão das classes gramaticais da escola. Por que não usar essa discussão para mostrar como classificamos as coisas no mundo, como construímos classificações para estudar algo ou para falar sobre algo. Somos seres que classificam as coisas. O aluno pode construir classificação das coisas em animais e vegetais. Em seguida pode separar as subclasses e criar taxonomias na biologia, por exemplo. No caso do linguista, há várias razões para termos a noção de classe de palavras, para dizer o mínimo, os falantes fazem essa diferença. Artigos não ocorrem antes de verbos conjugados; a flexão só ocorre em verbos; pluralizamos nomes e por aí vai uma lista enorme de fenômenos que indicam que há, em algum nível, a distinção entre nomes e verbos.

Nada disso aparece nas aulas de português. O que aparece é a gramática já pronta. Nesse modo de ensinar gramática o aluno não é um gramático; não é ele quem constrói a gramática. Ele recebe uma gramática pronta e precisa aplicar como a gramática diz que deve ser. O que estamos sugerindo é que o aluno construa o conceito de classes de palavras. No limite, ele pode chegar a algo totalmente diferente do que temos nas gramáticas tradicionais – na semântica atual não temos propriamente "classes de palavras", temos três tipos de objetos semânticos: predicados, argumentos e operadores. Isso permitirá ao professor comparar "teorias" e talvez concluir que a proposta do aluno é melhor. Claro que esse não é um empreendimento fácil. É um projeto para o semestre. Projeto que pode culminar comparando o que a gramática tradicional nos dá. Há, é claro, um conhecimento sobre isso já estabelecido. Afinal, estamos, desde os gregos, analisando as línguas naturais e construindo gramáticas, e o professor deve colocar os alunos em contato com a literatura recente sobre o assunto. Na nossa maneira de ver, o ponto de partida é sempre a intuição do aluno sobre as línguas. Há duas formas de explorar essa intuição, quando pensamos sobre temas como "como ensinar classes de palavras de um modo criativo?": construindo uma gramática (um fragmento) ou analisando criticamente propostas já existentes. Vamos ilustrar o que temos em mente: pensemos na distinção entre substantivos e adjetivos.

O primeiro passo é observar os dados. Precisamos de um *corpus*. Um cientista de laboratório constrói o seu dado porque quer diminuir os ruídos, as interferências, porque quer olhar com lupa o fenômeno que quer estudar. O professor pode guiar o aluno fornecendo uma lista inicial de dados (que ele controlou porque quer guiar o processo). Nenhum cientista parte ingenuamente olhando a natureza. Não é mais possível. O professor deve explorar o que ele sabe sobre a língua, preparar a atividade que irá desenvolver. Por exemplo, sabemos que a classificação tradicional que separa substantivos e adjetivos vai ter problema para explicar a diferença entre:

(18) Um professor amigo entende os seus alunos.

Um amigo professor ajuda quando precisamos aprender algo.

Você sentiu a diferença, não? O sentido não é o mesmo. Esse é, por um lado, o fato que queremos explicar e, por outro, o que nos mostra que a proposta de descrição da gramática tradicional (GT) não é adequada. Esse não é um fato trivial e vamos precisar "rebolar" para entender o que está ocorrendo. Nosso objetivo é apenas mostrar que podemos construir diferentes teorias; algumas em que podemos abandonar a distinção adjetivo e substantivo. A seguir refazemos esse percurso muito rapidamente, já que nosso objetivo é mostrar como é possível fazer um exercício com o tema classificar palavras. Só o professor, em sala de aula, com os alunos pode vivenciar a experiência dessa construção, que será deles.

Parece muito clara a separação entre substantivos, que nomeiam as coisas, e adjetivos, que atribuem qualidades às coisas. Essa é a definição clássica de substantivos e adjetivos. O leitor pode checar em GTs. Os exemplos abaixo confirmam essa hipótese: mulher nomeia uma coisa e bela é uma propriedade que essa coisa tem.

(19) a. Conheci uma mulher bonita.

b. O João comprou uma casa grande.

Olhando os dados acima, o aluno pode elaborar diferentes hipóteses que o professor pode selecionar para aprofundar a discussão. Por exemplo, é possível separar uma classe dos substantivos, como *mulher* e *casa*, e outra de adjetivos que dão qualidade à coisa, como *bonita* e *grande*. É isso basicamente o que encontramos nas gramáticas tradicionais. Pode também supor que a ordem é fixa: o adjetivo vem sempre após o nome, é pós-nominal. Essas hipóteses são passíveis de serem refutadas (ou confirmadas). São hipóteses científicas. Vamos iniciar refletindo sobre mulher e casa como palavras que nomeiam coisas e não são, portanto, propriedades das coisas. Mas não seriam elas também propriedades que os objetos têm. Reflita sobre a sentença abaixo:

(20) Maria é uma mulher.

Ser mulher é uma propriedade da Maria, não? Não é por nada que os alunos têm dificuldade de entender a classificação da GT. O que é nomear e o que é dar uma qualidade? Essas são questões difíceis e envolvem muita reflexão sobre as línguas naturais. Mas já refutamos a distinção da GT, porque mostramos que qualquer substantivo é uma propriedade das coisas. O professor pode explorar produtivamente a dificuldade em separar as classes e propor outro tipo de abordagem. A distinção pode deixar de ser ontológica e passar a ser gramatical, por exemplo. Palavras como *amigo, mulher, cadeira, homem, elefante, gordo, feliz, azul...* são predicados, propriedades que os objetos têm. Assim, não há diferença entre *professor* e *amigo*, ambos são predicados. Mas é claro que há uma diferença entre as sentenças acima. Em (a) estamos falando da classe dos professores e distinguindo aqueles que são amigos; em (b) falamos sobre a classe dos amigos e separamos aqueles que são professores. A composição é diferente; o que aparece, nesse caso, indicado pela ordem: o núcleo do sintagma determina sobre o que estamos falando. Já refutamos a hipótese de que o adjetivo é sempre posposto ao substantivo. Mais do que isso, mostramos que a ordem é significativa.

A questão da ordem dos adjetivos no português levanta inúmeras questões que estão além dos nossos propósitos. Não apenas ela é significativa, mas não é qualquer ordem que é permita para os adjetivos. Os adjetivos todos parecem ser passíveis de ocorrerem pospostos, com exceção de *ex* em *ex*-marido, mas aqui temos um prefixo. Alguns podem ser antepostos:

(21) a. Comprei um carro azul.

    b. * Comprei um azul carro.

"Azul" soma uma qualidade ao objeto que tem a propriedade de ser carro, mas a sequência em (21b) é agramatical no PB. Essa parece ser uma característica da gramática dessa língua. Basta pensar no caso do inglês, em que o adjetivo antecede obrigatoriamente o substantivo: *I bought a blue car* (a tradução palavra a palavra de 21b) versus * *I bought a car blue* (a versão de (21a)). Alguns adjetivos podem se mover para frente do substantivo, como em (22):

(22) a. casa bonita/bonita casa

    b. livro grande/grande livro.

(22a) mostra que é possível inverter a ordem sem ocorrer uma modificação no significado das palavras casa e bonita (em termos semânticos, somamos as propriedades, de ser bonita e de ser casa). (22b) mostra que não apenas podemos mudar a ordem, mas agora nós mudamos o significado de *grande*: *um grande homem* pode ser um homem de baixa estatura, magrinho, o que importa é se ele tem certas propriedades que o fazem mais humano por algum critério dado no contexto. Gandhi foi um grande homem, mas não um homem grande; de fato, ele era um homem de estatura pequena. A ordem, em alguns casos, parece alterar o significado das palavras. Como explicar esse fato? Estamos diante de uma ambiguidade? O professor pode ir ainda mais fundo e perceber, com os alunos, que *grande* tem umas propriedades diferentes de *azul*. Por exemplo, em (23) temos um raciocínio válido, mas em (24) não:

(23) a. Carlos comprou um carro azul.

   b. Carlos comprou um carro.

   c. Carlos comprou algo azul.

(24) a. Carlos viu uma baleia pequena.

   b. Carlos viu uma baleia.

   c. Carlos viu algo pequeno.

Isso nos mostra que estamos diante de estruturas distintas. Podemos explicar esse fato construindo diferentes teorias. Por exemplo, *pequena* e *azul* são dois tipos de adjetivos. Ou podemos afirmar que *pequena* e *azul* são o mesmo tipo de predicado, o que muda é a regra de composição: em (23.a) somamos os predicados, com *pequena* seccionamos uma subparte do conjunto: da classe das baleias pegamos as que são pequenas. Não aceitamos (c) porque a classe que tomamos para comparação é outra, não é mais das baleias, mas das coisas com as quais temos contato normalmente. A conversa sobre o adjetivo é longa e merece muito estudo[59].

---

59. Uma ótima leitura sobre o tema é o artigo "O adjetivo e o ornitorrinco (dilemas da classificação das palavras)", de Perini (1997). Cf., para uma descrição mais detalhada, Foltran (2013).

Vejamos um outro exemplo de formulação de hipóteses, partindo da ideia de que as GTs colocam hipóteses sobre o PB[60]. Vamos avaliar se essas hipóteses são boas. Uma definição muito comum de **sujeito** nas gramáticas e livros didáticos é a seguinte: "sujeito é aquele que pratica a ação expressa pelo verbo". O leitor pode checar quão difundida é essa definição de sujeito googlando sobre o tema. Essa parece ser, em uma primeira olhada, uma boa definição, já que ela permite detectar o sujeito em sentenças como (25) e (26):

(25) O João viajou com a mãe.
(26) O João entregou os anéis pra Maria.

A definição prevê que *o João* é o sujeito das sentenças em (25) e (26), o que confere com a nossa intuição. Mas o que ocorre com as sentenças abaixo:

(27) O João caiu.
(28) O João morreu.

Se o aluno refletir a partir da definição dada, ele dirá que a rigor não há sujeito nas sentenças acima, afinal não faz sentido dizer que, em (27) e em (28), João foi o responsável pela ação de cair ou de morrer ou que ele praticou essas ações. Antes, ele sofreu esses acontecimentos. Logo, um aluno que raciocina com a hipótese acima deve concluir que *o João* não é o sujeito nem de (27) nem de (28). E então ele vai errar, se ele estiver nas mãos de um professor tradicional, porque *O João* é o sujeito dessas sentenças. Mas, se ele estiver nas mãos de um mestre, ele vai desconstruir a definição. E aí ele tem vários caminhos. Ele pode considerar que *o João* não é o sujeito nas senten-

---

60. Essa é a proposta de Borges Neto (2013) para o ensino de Língua Portuguesa no Ensino Médio.

ças em (27) e (28), porque aqui ele sofre a ação verbal, o papel temático é de paciente ou tema (não de agente). Esse parece ser de fato o caso, mas ao mesmo tempo, se ele quer explicar o PB, tem de dar conta do fato de que temos a impressão, enquanto falantes, que o João é o sujeito, tanto que, se temos um plural, vamos ter concordância: *nós caímos* e *eles morreram*. Isso mostra que talvez seja necessário separar *o João*, enquanto o sujeito gramatical de *caiu* e *morreu*, porque ele é o responsável pela concordância, do papel temático que ele exerce no evento: João não é o agente, quem pratica o evento, mas ele sofre esse evento. Desmembramos o conceito de sujeito do conceito de agente (papel temático). Esse é um movimento interessante, porque permite explicar a concordância: *eles morreram* (sujeito no plural, verbo no plural) e distinguir do problema da agentividade. Outras línguas vão confirmar a necessidade de distinguir esses dois conceitos (sujeito e agente)[61]. Se o professor perseguir esse caminho irá chegar à distinção entre verbos intransitivos e inacusativos.

ATIVIDADE

O professor pode colocar para a turma o desafio de classificar os verbos. Há tipos de verbos? Suponha que ele identificou junto com os alunos que os verbos são estruturas que têm uma valência – isto é, funções de um argumento. São os verbos que a GT chama de intransitivos, verbos de um lugar, como *roncar*, *nadar*, *correr*, *morrer* etc. Vocês levantaram verbos como esses, como na lista abaixo:

(i)   a. O João telefonou.
      b. O biscoito acabou.
      c. O Pedro trabalhou.

---

61. Já há uma boa descrição dos verbos do PB analisando a estrutura temática. Cf. Cançado et al. (2013), entre outros.

d. A empresa faliu.

e. A Maria viajou.

f. A Ana pulou.

g. O gato caiu.

h. A encomenda chegou.

Claro que é difícil encontrar dados como os acima. Eles foram "higienizados" para que possamos prestar atenção apenas no que nos interessa. Esse procedimento ajuda a focar na questão e ele deve ocorrer após a coleta dos dados. Sem dúvida alguma é preciso depois retornar aos dados da vida como ela é para verificar a hipótese. Há alguma generalização que podemos fazer? A GT afirma que se trata de uma classe. Mas é possível separarmos dois grupos: aqueles em que o sujeito é o agente do evento – por exemplo, em (ia), o João pegou o telefone com o propósito de telefonar, discou um número etc., agiu intencionalmente –, e há o grupo em que o sujeito não é o agente, mas é antes o tema do evento – o caso mais claro talvez seja algo ou alguém morrer, nós sofremos a morte. Você deve ter montado duas listas: uma lista com os verbos *telefonou, trabalhou, viajou* e *pulou* – a lista dos Agentivos, porque pedem um agente – e uma outra lista com os verbos *acabou, faliu, caiu* e *chegou* – a lista dos Pacientes, porque recebemos essa ação, somos pacientes. Pode levantar outros verbos dessas classes e avaliar se essa é uma distinção relevante para os seus propósitos.

O ponto é que essa pode parecer uma diferença boba, mas não é. Há línguas que marcam gramaticalmente essa diferença. Uma das mais importantes descobertas da gramática gerativa foi mostrar que existe uma distinção na classe dos verbos que selecionam um único constituinte (um único argumento). Permultter (1976), numa perspectiva semântica, e Burzio (1986), numa perspectiva sintática, mostraram evidências de que há verbos que se comportam como os que aparecem na lista dos Agentivos, chamados de inergativos, e há verbos que se comportam como os que aparecem na lista dos Pacientes, denominados de inacusativos ou ergativos. Essa diferença aparece em várias línguas na escolha do auxiliar. Por exemplo, em francês, os verbos que pedem o auxiliar *être* conjugado para formar o passé composé são todos inacusativos: *Je suis allé.* (literalmente: eu sou ido = eu fui). Os inergativos, da lista dos pacientes, pedem o auxiliar *avoir*: *J'ai téléphoné* (literalmente: eu tenho telefonado = eu telefonei). E isso ocorre não apenas no francês, mas no italiano, no alemão, no holandês.

Já estamos muito longe da prática comum do professor de língua. Já navegamos muito. E já realizamos nosso objetivo: mostrar que a metalinguagem da GT não se sustenta. Uma questão mais difícil é: qual é a melhor definição de sujeito? Responder a essa pergunta é, no fundo, comparar teorias sobre a língua. É consenso na literatura que é preciso separar os conceitos de sujeito e de agente. Definir sujeito gramatical como "aquele que pratica a ação" é uma definição ruim. Há autores que sugerem que a definição de sujeito deve estar atrelada à de concordância. Perini (1995, 2010) entende que não e apresenta argumentos a favor de uma definição sintática (posicional) de sujeito.

As atividades que propusemos até agora foram, em sua maior parte, sobre o PB. Há um lado positivo porque estamos tentando explicitar os métodos para a pesquisa e contamos com o conhecimento que o leitor tem dessa língua para fazermos os argumentos. A desvantagem é que perdemos a dimensão da diversidade entre as línguas, da variabilidade que permite entendermos a universalidade. Mas a situação é muito mais delicada se estamos diante de uma língua que não falamos, que não conhecemos. A metodologia é a mesma, mas é preciso muito mais cuidado para não transferir categorias da nossa língua para uma outra língua. As línguas diferem e precisamos olhar com muita atenção em que elas diferem. Partimos de um conjunto de dados, que o linguista colhe, formulamos hipóteses e testamos essas hipóteses, utilizando entre os testes a criação de dados negativos; o que permite ao pesquisador retornar ao trabalho de campo para uma nova coleta. Há, hoje em dia, um tanto de reflexão sobre a metodologia de coleta de dados, principalmente para comunidades de línguas não representadas na Linguística[62]. Não é nossa intenção discutir esses métodos, mas apenas rever como podemos construir hipóteses para uma língua ou um fragmento de língua que não falamos.

ATIVIDADE

Os dados abaixo são da língua *Inuite*, falada pelos esquimós, no Canadá, por cerca de 30 mil falantes (ex. adaptado de O'GRADY, DOBROVOLSKY e ARONOFF,1997). Os autores apresentam os dados falados de Inuite com a grafia do inglês. Mantivemos assim. Mas, ao invés de apresentarmos as traduções em inglês, apresentamos em português. Não há dúvidas de que esses são dados muito parciais dessa língua, mas podemos formular hipóteses a partir deles:

	Inuite	Português
1	iglumut	Para casa
2	pinna	Aquela uma lá em cima
3	ikiaq	Cair
4	ani	Irmão da mulher
5	aviaq	Morsa
6	iglu	Casa de neve
7	aniguvit	Se você for embora
8	panna	Aquele lugar lá em cima
9	aglu	Buraco para foca respirar
10	aivuq	Ele vai pra casa
11	iglumit	De casa
12	ini	Lugar
13	anigavit	Porque você foi embora
14	ukiuq	Inverno

---

62. A reflexão de Mattewson (2004) sobre as línguas indígenas do Canadá é uma reflexão importante. Cf. tb. Sanchez-Mendes (2014).

Antes de mais nada, olhe os dados. A tradução poderia ser mais cuidadosa, com glosas. Além disso estamos aparentemente usando a grafia do inglês e não uma transcrição fonética, o que seria mais adequado. Mas aqui só nos interessa refletir sobre o procedimento, que é, inicialmente, bem simples. Compare os dados e procure por generalizações. Podemos, por exemplo, afirmar que nessa língua o que aparece representado como "a" e "i" são fonemas (ou seja, distinguem significados na língua): compare os dados de (4) e os dados de (6) e de (9); essas "palavras" diferem apenas nesses dois sons e têm significados diferentes. Logo, trocar um som pelo outro produz uma outra palavra, e estamos diante da noção de fonema, lançando mão da técnica de procurar pares mínimos. Claro, é muito pouco, mas sabemos algo.

Quando falamos produzimos vários sons. Alguns deles traçam diferente de significado lexical, outros indicam uma diferença estilística, de dialetos, que pode ou não ser avaliada socialmente; há ainda aqueles que produzimos para expressar nossa emoção ou tédio e, finalmente, há os sons sem sentido que produzimos às vezes pelo prazer da música. Por exemplo, falar *tia* ou *tzia*[63] pode significar avaliar o falante como de uma certa região ou outra do país – são variantes sociolinguísticas, mas o significado não muda, estamos sempre falando das *tias*. Agora compare com *pia*; as *tias* e as *pias* podem ter muito em comum, mas não são a mesma coisa. Agora sabemos que t e tz não produzem diferença de significado, mas t/tz e p fazem. No primeiro caso, temos variantes de um (arqui)fonema; no segundo, fonemas distintos.

Olhando os dados, podemos perceber que estamos diante de uma língua estruturalmente diferente do PB, afinal, aquilo que precisamos de várias palavras para falar, é realizado, aparentemente com afixos. Repare, em (1) e (11). Podemos identificar, olhando para (6), que "iglu" é uma palavra que em (1) está combinada com "mut" e em (11) com "mit". Parece razoável

---

63. Estamos adotando o alfabeto do IPA para uma transcrição fonética pouco elaborada.

supor que estamos diante de composições diferentes com "iglu". Os "sufixos" "mut" e "mit", respectivamente, são para nós preposições. Eles indicam direção do movimento (*para*) ou procedência, fonte de saída do movimento (*de*). Assim, o que nós dizemos usando mais de uma "palavra", eles dizem com uma – veja os dados em (7) "anuguvit" = se você for embora, (13) "anigavit" = porque você foi embora, por exemplo – uma única palavra à qual são acoplados vários morfemas.

Há mais de um tipo de língua. A literatura distingue quatro tipos de língua e os dados que temos do Inuite permitem sabermos que estamos diante de uma língua aglutinante, porque "acrescentam à raiz afixos separados por categorias gramaticais" (COSTA DE OLIVEIRA, 2015: 86), como é o caso do turco: *köy* "vila" (singular), *köy-ler* "vilas" (plural), *köy-ler-in* "das vilas" (genitivo plural); adam-in (homem-genitivo, "do homem"), adam-lar-in (homem-plural-gen, "dos homens"). O PB é uma língua flexional porque congregamos em um único afixo várias categorias lexicais. Em *cant-o* temos uma raiz *cant-e* – o que é a indicação da 1ª pessoa do singular do tempo presente do modo indicativo. Há ainda as línguas isolantes, como o Chinês, e as línguas polissintéticas como o Tupinambá[64].

Há muitas questões levantadas por essa reflexão sobre os tipos de língua, incluindo o conceito de palavra que parece, a princípio, tão claro. Retornando ao nosso exemplo de procedimento, já temos algumas hipóteses e podemos também inventar dados para ver se elas estão corretas. Não é muito fácil produzir dados negativos quando temos tão poucas ocorrências, mas parece que nessa língua o que para nós é uma preposição aparece como um sufixo; examine (11), por exemplo. Podemos então esperar que a sequência *mitiglu* não seja gramatical nessa língua e testar essa hipótese. Esperamos que em uma língua como essa as preposições sejam ou sufixos ou prefixos, mas não ambos, como ocorre em várias outras línguas, como, por

---

64. Cf. Costa de Oliveira (2014). Sobre a sintaxe e a semântica de línguas brasileiras cf. Storto et al. (2015).

exemplo, no coreano. Em coreano, *hakkyo-eyse* é literalmente escola-na, a preposição é um sufixo (trata-se, mais tecnicamente, de uma posposição), mas **eyse-hakkyo* é agramatical. Para sabermos se é isso mesmo precisamos de um falante de *Inuíte* que, por sua vez, precisa de outros falantes de *Inuíte* para poder falar essa língua.

Esperamos ter mostrado, com este capítulo, como os linguistas procedem, como eles formulam suas hipóteses a partir de dados empíricos que compreendem tanto aquilo que é efetivamente produzido pelos falantes – muitas vezes chamado, equivocadamente, de dado real – quanto o que podemos apreender indiretamente através dos seus julgamentos de gramaticalidade/aceitabilidade, de testes empíricos, das reações oculares ou das manifestações cerebrais. Essas hipóteses são testadas e verificadas. Para isso é preciso que essas hipóteses sejam passíveis de serem falsificadas. Esse é o método das ciências. Não há nada melhor para entendermos um certo objeto do que construir uma teoria sobre ele. Se entendermos a língua que falamos, entendemos as línguas, o que nos permite maior mobilidade em outras línguas. A proposta didática é levar os alunos a **construir gramáticas**. Essa não é uma tarefa fácil, até porque as línguas são muito complexas.

Como proceder em sala de aula? Sendo criativo, se divertindo analisando uma língua ou um fragmento de língua, refletindo com os alunos sobre as diferentes maneiras de descrevermos os fenômenos linguísticos, alguns dos quais já são bastante conhecidos – por exemplo, a distinção sujeito e agente –, mas que ainda não estão na escola. Nos tempos de hoje não é possível que um professor atualizado ensine a noção de sujeito como aquele que pratica a ação. Na verdade, na nossa proposta, o professor deve refletir sobre a língua e não aceitar passivamente uma definição já dada.

ATIVIDADE

Vários fenômenos podem ser melhor compreendidos se temos a nosso dispor a noção de *telos*, uma "palavra" que vem do grego e aparece em vários domínios como teleológico. A evolução não é teleológica, nos diz Darwin. Telos é a meta, o objetivo a ser alcançado se um evento tiver seu desenrolar natural. Nenhuma gramática tradicional se preocupa com esse fenômeno porque ele é tão natural que passa despercebido, mas ele diz muito sobre como raciocinamos. Vamos primeiramente avaliar o nosso julgamento. Atenção, estamos lidando com oralidade. Usamos a transcrição gráfica apenas para facilitar. Suponha que você quer saber por quanto tempo alguém fez algo. Você está interessado em comparar o tempo de várias atividades que realizamos no dia a dia. Avalie, para cada par, qual é a melhor resposta para a pergunta

João estava morrendo.	João morreu.
João estava correndo.	João correu.
João estava com dor de cabeça.	João esteve com dor de cabeça.
João estava construindo uma casa.	João construiu uma casa.

(i) Quanto tempo levou para o João morrer?

     a. O João morreu em 2 horas.

     b. O João morreu por 2 horas.

(ii) Quanto tempo João ficou correndo?

     a. O João correu em 2 horas.

     b. O João correu por horas.

(iii) Quanto tempo o João levou para construir a sua casa?

     a. O João construiu a sua casa em 2 anos.

     b. O João constrói a sua casa por 2 anos.

(iv) Quanto tempo o João está com dor de cabeça?

     a. O João está com dor de cabeça por 2 horas.

     b. O João está com dor de cabeça em 2 horas.

Teste a sua intuição com outros. Faça uma lista das avaliações. Você vai ver um padrão emergindo: *morreu* e *construiu a casa* combinam com "em X tempo" enquanto que *ter dor de cabeça* e *correr* combinam com "por X tempo". A diferença está em ter um telos, um final natural, e não ter um telos, poder passar a vida correndo ou com dor de cabeça. Veja, nosso processador está prestando atenção em ter ou não telos e isso ocorre em outros fenômenos. Considere as sentenças na coluna da esquerda como verdadeiras. Elas acarretam a sentença na coluna da direita?

Chegamos a um padrão: *morrer* e *construir uma casa* não acarretam que o evento se concluiu; enquanto que *correr* e *ter dor de cabeça* acarretam que houve a corrida e houve a dor de cabeça. Eventos télicos combinam com "em X tempo" e não acarretam que o telos tenha sido alcançado; eventos atélicos combinam com "por X tempo" e acarretam que o telos foi alcançado[65]. Essas são propriedades sutis. É preciso trabalhar os conceitos de telicidade, de eventos, que não são simples, mas o mais bonito é ver a intuição, refletir sobre essa capacidade que a criança já tem. Ninguém precisa explicar essas regras. Nós as conhecemos e elas são muito sofisticadas! Mas quem disse que a natureza era simples?!

---

65. Cf. Basso (2007) para uma discussão experimental sobre o *em X tempo* e o *por X tempo*.

Capítulo 4

A gramática do português brasileiro (PB)

Não há uma língua portuguesa. Há línguas em português.
José Saramago

4.1 O PORTUGUÊS BRASILEIRO, QUE BICHO É ESSE?

Já faz algum tempo que sabemos que há várias propriedades gramaticais que caracterizam o PB quando comparado ao português europeu (PE), e tal fato levou vários linguistas, tanto brasileiros quanto portugueses, a afirmar que o PB é uma língua diferente do PE – não apenas uma variedade ou dialeto de português, mas sim uma outra língua. Fato é que há muitos modos de ser em português, para usar a expressão feliz de Saramago[66]. Na nossa proposta é preciso trabalhar com a língua do aluno. Se a sua língua é como a nossa, o PB, então é essa a língua que precisamos tomar como "língua objeto", a língua para a qual vamos construir uma gramática. Neste capítulo, apresentamos um pouco do que os linguistas dizem sobre essa língua. A ideia, mais uma vez, é que esses sejam tópicos a serem desenvolvidos com os alunos e talvez despertar a sua vontade de continuar a pesquisar. Precisamos de muitos pesquisadores.

---

66. Cf. o documentário sobre o português no mundo: "Línguas – Vidas em português" (2003) de Victor Lopes: http://www.youtube.com/watch?v=XUz-zGBd_QU

Como é de se esperar, dada a complexidade das questões aqui envolvidas, não é possível discutirmos todas as diferenças entre os portugueses dos dois lados do Atlântico e nem mesmo levar mais a sério a questão de se de fato estamos lidando com duas línguas distintas[67]. Como já discutimos, o conceito de língua não é claro e a decisão sobre se estamos diante de um dialeto/variedade ou de uma língua diferente é muito mais política do que propriamente linguística. Nosso objetivo é apenas apresentar algumas diferenças que são consensuais e como elas têm sido descritas na Linguística, sem qualquer pretensão de esgotar os temas. Também não é nossa intenção avaliar as teorias que foram propostas para explicar os fenômenos. Queremos apenas olhar com um pouco mais de cuidado para o PB.

É muito comum encontrarmos professores, mesmo na universidade, que acham que as diferenças entre o PB e o PE são apenas de pronúncia e de léxico. Na verdade, essas diferenças são muito mais profundas, dizem respeito ao sistema gramatical. Por isso, parece-nos importante que tenhamos uma compreensão menos impressionista de como é o PB; entre outras razões, porque é essa a língua que uma boa parte dos alunos falam e também a língua que nós, professores, falamos. Como dissemos, não vamos esgotar o inventário de diferenças. É preciso também lembrar que o PB, como qualquer outra língua, está em constante processo de mudança; algumas dessas mudanças ainda não se estabilizaram, outras sim.

4.2 SUJEITO NULO: O PB E O PE

Não há muita dúvida de que o PB, diferentemente do que ocorre no PE, está se tornando uma língua que não marca o plural em todos os elementos da sentença, seja no sintagma nominal seja no sintagma verbal, quando se dá a concordância do sujeito com o verbo. Esse é um lugar estigmatizado na língua e tem estado presente em inúmeras disputas em

---

67. Para uma história do português brasileiro o leitor pode consultar Mattos e Silva (2008) e Ilari e Basso (2006) entre outros.

que os linguistas se veem envolvidos. O PB está "perdendo" morfologia de tal forma que é possível marcarmos o plural em apenas um dos elementos, em geral o elemento mais à esquerda como *Os menino brasileiro é tudo moreno*. Afirmações como essa são ainda compreendidas como se o professor estivesse ensinando errado às crianças! Não é isso. Estamos procurando entender como é o PB, que é a língua que nós falamos. Ah, mas você não fala assim? Talvez não exatamente como a nossa sentença, mas é certo que o PB está "perdendo" morfologia. Esse é um fato sobre a língua. A criança quando ouve seus pais conversarem, quando conversa com eles, ouve com mais frequência *Os menino* do que *os meninos*.

As evidências sobre isso já se acumulam; entre os trabalhos pioneiros podemos citar Scherre e Naro (1997), Naro e Scherre (2003) e Scherre et al. (2007), entre outros, que analisaram quantitativamente amostras faladas. Nessa seção, apresentamos casos que envolvem a concordância do verbo com o sujeito, porque nosso objetivo é refletir sobre o sujeito nulo no PB e no PE:

(1) ...eles GANHAM demais da conta (CAB02MP16/0012)[68]
(2) ...les GANHAø demais po que eles fayz (CAB02MP16/0026)
(3) Eles também não dizø (LAU28FC43/2601)
(4) Eles diz EM: "chutei tudo" (HEL34FG62/1887)

A variação entre as gramáticas apresentadas nos exemplos acima não é aleatória, há condicionamentos tanto sociais quanto internos que privilegiam uma ou outra forma. Entre os condicionamentos sociais podemos citar: (i) a proporção de concordância aumenta com a formalidade – quanto mais formal a situação discursiva, mais o falante vai marcar a concordância; (ii) o grau de escolaridade – quanto maior a formação escolar, maior

---

68. Esses códigos permitem aos diferentes pesquisadores encontrarem nos *corpus* analisado a ocorrência apresentada.

a presença da concordância. Embora não seja possível mostrar isso neste livro, há condicionantes internos que favorecem uma ou outra construção: (i) quanto mais o sujeito gramatical estiver à esquerda, maior a probabilidade de a concordância aparecer; (ii) quanto mais o sujeito estiver distante do verbo, com elementos intermediários, maior a chance de a concordância não aparecer.

ATIVIDADE

Monte um pequeno teste para verificar se as hipóteses do condicionamento interno da variação apresentada acima se sustentam. Por exemplo, pela hipótese (i) esperamos que haja diferenças entre as sentenças abaixo: a concordância será favorecida quando o sujeito estiver mais à esquerda. Em outros termos, esperamos que os falantes realizem mais concordância em (i) do que nas demais sentenças abaixo.

(i) Eles telefonaram/telefonou para a mãe na saída do jogo.

(ii) Para a mãe, na saída do jogo, eles telefonou/telefonaram.

(iii) Para a mãe, na saída do jogo, eles telefonaram/telefonou.

É possível montar diferentes tipos de testes para verificar essa hipótese. O mesmo pode ser feito com a hipótese (ii), dessa vez imaginando alternativas em que o sujeito está mais ou menos próximo do verbo. Por exemplo, a diferença entre: *Eles telefonaram para a mãe* e *Eles alegremente no domingo a tarde sem nenhuma pressa telefonaram/telefonou*. A busca em *corpora* também pode mostrar isso como já fizeram os autores que estamos estudando.

Afine o seu ouvido e comece a ouvir a música do PB; preste atenção em como em muitos casos não é apenas não ter a concordância na terceira pessoa, é todo o paradigma verbal do português que está se alterando; as formas do verbo são morfologicamente mais parecidas entre si e o sujeito passa a ser obrigatório, como é em inglês e como é no francês falado (mas não no francês escrito). A mudança no sistema de concordância caminha junto com uma mudança no sistema pronominal e no tipo de gramática que temos.

Duarte (1996) mostra que, no início do século XIX, o paradigma flexional apresentava seis formas distintivas, como em (5a), enquanto no registro mais formal contemporâneo há apenas três formas de concordância, como em (5b), e há ainda o paradigma mais informal, em (5c), ainda mais reduzido. Compare com a última coluna que apresenta o paradigma do inglês[69]:

(5.a) Português na GT	(5.b) Português Brasileiro Culto	(5.c)[70] Português Coloquial	(5.d) Inglês
Eu fal -o	Eu fal -o	Eu fal -o	I speak
Tu fala -a -s	Tu/Você fal -a -(s)	Tu/Você fala -a	You speak
Ele/ela fal -a	Ele/ela fal -a	Ele/ela fal -a	He/She apeak -s
Nós fala -mos	Nós fala -mos A gente fal -a	A gente fal -a	We speak
Vós fal -ais	Vocês fal -a -m	Vocês fal -a	You speak
Eles/elas fal -am	Eles/elas fal -a -m	Eles/elas fal a	They speak

Nossa intenção não é uma análise morfológica, mas apenas mostrar as alterações. Os dados da Sociolinguística indicam que mesmo a distinção entre singular e plural – *você fala* e *vocês falam* – está desaparecendo do verbo e se fixando apenas no pronome: *vocês fala* assim como *eles fala* são formas atestadas na língua, por isso incluímos a terceira coluna, em que estamos num sistema com uma distinção entre a 1ª pessoa do singular – *eu*

---

69. A nossa partição morfológica é apenas ilustrativa. Há muito a dizer sobre os morfemas, incluindo se há mesmo a distinção entre flexionais, que é o caso do nosso exemplo, e derivacionais. O leitor pode consultar Schwindt (2014).

70. Para uma discussão sobre o paradigma coloquial do PB dentro do quadro da morfologia distribuída cf. Lemle e Figueiredo e Silva (2013).

falo – e o resto. No inglês, a diferença é entre a 3ª pessoa do singular e o resto (mas não no *Black English*). Estamos em transição entre uma língua em que o pronome pode ser omitido – *falamos* – para uma língua em que isso não é possível.

Em alguns dialetos a forma de segunda pessoa *tu* se manteve, mas a forma pode ser *tu fala*. A segunda pessoa do plural *vós* aparentemente só existe em contextos muito restritos. No dia a dia, usamos *vocês*. A primeira pessoa do plural *nós* parece conviver com *a gente*, que é um pronome, como podemos verificar pelo fato de que não é possível inserir um elemento entre o artigo e *gente*:

(6)   a. A boa gente saiu ontem à noite.
      b. A gente saiu ontem à noite.

A gente é um pronome só no PB. No PE, *a gente* significa as pessoas. Assim, (7) tem significados bem diferentes nas duas línguas:

(7)   A gente gosta de ouvir música.

No, PE, o falante afirma que ouvir música é uma atividade que as pessoas em geral gostam. Mas ele não está necessariamente se incluindo entre as pessoas que gostam de ouvir música. A paráfrase de (7) no PE é "as pessoas gostam de ouvir música". No PB, por sua vez, o falante está se incluindo e afirmando uma disposição que ele e outros têm. A paráfrase é "nós gostamos de ouvir música". Em Portugal, *a gente* funciona como *As pessoas gostam de ouvir música*.

A consequência desse movimento todo é que o sujeito passa a ser cada vez mais pleno em PB, pois, caso a sua posição não seja preenchida, não há como saber qual é o referente, já que a concordância verbal não permite sabermos de quem se trata. O enfraquecimento da flexão no PB é responsável pela falta de oposição entre as pessoas, com exceção da primeira pessoa do singular. A forma *falou* por si só é incapaz de sinalizar se é 2ª, 3ª (singular ou plural), ou 1ª do plural. Por isso, o sujeito passa a ser obrigatório.

Duarte (1996), analisando as ocorrências do paradigma em (5b), verifica que, devido à modificação do sistema flexional e pronominal no PB, o sujeito nulo – quando temos apenas *falou* por exemplo – só ocorre com a 3ª pessoa na modalidade escrita, porque é ali que a concordância aparece mais também. Os sujeitos de 1ª do plural e 2ª pessoas são representados cada vez mais pelo pronome lexical. Assim, a redução do paradigma flexional não possibilita mais a identificação do pronome nulo em posição de sujeito – não sabemos mais quem falou quando alguém profere sem amparo do contexto *falou* –, logo o sujeito nulo na 3ª pessoa não é mais livre, uma vez que deve haver no contexto um referente que possa identificar esse vazio. Na modalidade falada há uma queda acentuada do sujeito nulo e um aumento expressivo no uso do sujeito pleno. A autora comparou a ocorrência de pronomes na peça escrita e na sua encenação. Os sujeitos nos casos de 3ª pessoa do singular eram todos nulos no texto escrito, mas a gravação revelou que na oralidade houve uma diminuição de 13% do sujeito nulo de 3ª pessoa. Nos casos de 1ª pessoa, a queda foi de 10%. Em outros termos, estamos preenchendo o sujeito na oralidade, ao mesmo tempo em que estamos perdendo morfologia.

Kato e Tarallo (1993) também atestaram a presença do sujeito nulo na modalidade escrita do PB nos casos em que a concordância permite sua identificação, como em (8a), ou o contexto permite, (8b):

(8) a. No Brasil, vivemos no futuro, não no presente.

   b. Eu pensava que sabia matemática.

Mas, na modalidade falada, a tendência é a presença explícita do sujeito, como ilustra (9):

(9) a. No Brasil, nós vivemos no futuro, não no presente.

   b. Eu pensava que eu sabia matemática.

Considerando os dados relativos à baixa frequência do sujeito nulo, apresentados nos trabalhos de Duarte (1996) e de Galves (1996), e a existência cada vez mais expressiva de um sujeito expresso, na modalidade falada, a tendência atual é que o sujeito seja preenchido.

ATIVIDADE

Há muitas possibilidades de o professor desenvolver projetos sobre a concordância verbal no PB. A técnica de gravar conversas e depois analisá-las demanda mais trabalho, mas pode permitir discutir muitas questões. Outra possibilidade é recorrer a banco de dados de oralidade e analisar as ocorrências. Comparar versões escritas de peças de teatro e suas encenações é certamente um projeto bem interessante. Esse é um tópico excelente para discutir preconceito linguístico.

Assim, o PB não é (mais) uma língua de sujeito nulo, pois há casos em que não é possível ter a posição de sujeito vazia, como em (10), mas também não pode ser uma língua de sujeito preenchido, uma vez que apresenta casos em que a posição do sujeito é deixada sem preenchimento, como vemos em (11):

(10) a. *ø comprou uma casa.

   b. *ø telefona para a mãe todos os dias.

(11) a. Os jovens viajaram para o interior, ø encontraram um hotel legal e por lá ø ficaram.

   b. Maria disse que ø telefonou para os pais.

As sentenças em (10) são gramaticais em italiano, por exemplo, que é considerada uma língua de sujeito nulo. Nessa língua é possível dizer *L'ha comprato una casa* (Comprou uma casa) e *Chiama alla mamma tutti i giorni* (Telefona para a mãe todos os dias) sem precisar de um contexto que recupere o sujeito sentencial. Nesses casos, a única interpretação possível é que se trata da 3ª pessoa do singular. Esse é também o caso do PE.

Uma ideia, bastante explorada, é a de que as línguas são guiadas por princípios que são universais e a sua diversidade pode ser explicar por parâmetros. É consenso que um princípio universal é: todas as línguas naturais devem ter sujeito gramatical. Claro que essa é uma hipótese, mas até agora não encontramos uma língua que a falseasse. Na abordagem gerativa, esse é o chamado Princípio de Projeção Estendida (EPP, abreviação do inglês *Extended Projection Principle*). Mas as línguas diferem quanto ao sujeito ser ou não obrigatório. Há, assim, um parâmetro que controla a variação entre as línguas: há aquelas que preenchem obrigatoriamente a posição do sujeito, de um lado, e aquelas que não preenchem essa mesma posição, de outro. Esse parâmetro é conhecido como *pro-drop* ou parâmetro do sujeito nulo. As línguas que fixaram um valor positivo para este parâmetro, como é o caso do italiano e do PE, apresentam um conjunto de propriedades gramaticais estabelecidas por Chomsky (1981: 240). Verifique a sua intuição quanto a essas propriedades. Teste a sua intuição! Assinale com um X as sequências que você achar que não são naturais:

TESTE DE INTUIÇÃO

Responda sem pensar, o mais rapidamente que puder. Imagine que a sentença é proferida "do nada", isto é, alguém chega e diz a sentença.

1) Telefonou

   (a) aceitável   (b) estranha   (c) parece incompleta

2) Telefonou o João

   (a) aceitável   (b) estranha   (c) parece incompleta

3) O homem que me pergunto quem viu

   (a) aceitável   (b) estranha   (c) parece incompleta

4) Eis a menina que eu me pergunto quem acredita que possa fazer isto

   (a) aceitável   (b) estranha   (c) parece incompleta

5) Quem você pensa que vai partir?

   (a) aceitável   (b) estranha   (c) parece incompleta

Antes é preciso dizer que não há qualquer pretensão que o teste acima tenha validade. Ele serve antes para você avaliar a sua intuição. Mas é claro que é possível montar um experimento para testar essas propriedades, se esse for um objetivo do professor. Para nós, interessa que você compare o resultado da sua intuição com as avaliações do italiano e do inglês. Elas aparecem em (12) abaixo. Essas são as propriedades que Chomsky usou para distinguir o italiano (uma língua *pro-drop* típica) do inglês (uma língua não *pro-drop* típica). Não se preocupe com a terminologia, que remete ao gerativismo, vamos tentar explicá-la; o mais importante é você entender o que está acontecendo na sua língua e comparar com os dados das outras línguas.

(12) (i) Sujeito nulo
      a. Ha telefonato.
      b. *Has phoned.

(ii) Inversão livre do sujeito em sentenças matrizes:
      a. Ha telefonato Gianni.
      b. *Phoned John.

(iii) Movimento longo do sujeito.

O símbolo t_i indica o vazio que é interpretado como estando no lugar da expressão *L'uomo* que se moveu para uma posição mais acima. Note que os índices são os mesmos. Assim a interpretação é: O homem que me pergunto quem ele (o homem) viu.

      a. L'uomo$_i$ [che mi domando [chi t_i abbia visto]].
      b. *The man$_i$ [that I ask myself [whom t_i has seen]].

(iv) Pronome resumptivo nulo em sentenças encaixadas.

O vazio, marcado novamente por t_i, retoma *la ragazza* que tem o mesmo índice; assim, a interpretação da sentença é: aqui está a menina que eu me pergunto quem acredita que ela possa fazer isto:

> a. Ecco la ragazza$_i$ [che mi domando [chi crede [che t_i possa fare questo]]].
> b. *So the girl$_i$ [that I ask myself [that believe [that t_i can do this]]].

(v) Aparente violação do filtro that-t.

Novamente a ideia é que a sentença seja interpretada de forma que t_i tenha o mesmo referente de *quem*; algo como, que pessoa você pensa que é tal que essa pessoa vai partir:

> a. Chi$_i$ credi [che t_i partirà]?
> b. *Who$_i$ do you think [that t_i will leave]?

As línguas que não apresentam sujeito nulo, como o inglês, não aceitam a inversão livre do sujeito, não realizam movimento longo do sujeito a partir de uma ilha interrogativa, não permitem a presença de um resumptivo nulo nas sentenças encaixadas e não apresentam violação do filtro *that-t*. As línguas que aceitam sujeito nulo apresentam as propriedades opostas. Na nossa intuição, o PB parece mais com o inglês já que entendemos que (i), (ii), (iii) e (iv) são agramaticais, mas para nós (v) é gramatical, como no italiano.

À parte este conjunto de propriedades, o elemento da concordância era visto como o fator principal na distinção entre as línguas de sujeito nulo e as línguas de sujeito obrigatório. Nas línguas com um paradigma verbal rico, como é o caso do italiano, a concordância possibilita a recuperação do sujeito nulo, uma vez que é capaz de identificá-lo. No entanto, com a publicação do trabalho de Huang (1984), que apresenta o chinês como uma língua de sujeito nulo, mesmo tendo um sistema flexional simplificado, a concordância, como um elemento identificador de línguas de sujeito nulo, deixa de ser o fator determinante para a marcação do parâmetro. Como você deve ter notado, o PB se coloca como uma língua intrigante quanto ao parâmetro *pro-drop*, pois, ainda que esteja perdendo a propriedade de sujeito nulo, mantém algumas características de línguas desse tipo.

Kato (2002), investigando a evolução da noção de parâmetros, afirma que a Linguística passou a se preocupar com a variação sintática encontrada nas línguas naturais a partir dos trabalhos clássicos de Sapir (1921) e de Greenberg (1966). A preocupação com a diversidade sintática só é manifestada explicitamente na Linguística gerativa com o modelo de princípios e parâmetros a partir da década de 80 (cf. CHOMSKY, 1981, entre outros). Até então, a preocupação primordial era determinar os Princípios invariantes que governavam as línguas e não o que permitia a sua variação. A introdução da noção de parâmetros possibilitou uma explosão de trabalhos empíricos em Linguística comparativa, histórica e psicolinguística. De acordo com Kato (2002), o estudo dos parâmetros começou a interferir no próprio conceito de princípio, a aumentar ou diminuir o inventário de categorias e funções, a refinar a relação léxico/sintaxe e a alterar a própria arquitetura da gramática. Como não poderia deixar de ser, a reflexão sobre as línguas é enriquecedora!

O PB ser ou não uma língua de sujeito nulo foi muito debatido porque marca um contraste paramétrico com o PE (cf. DUARTE, 1995; GALVES, 1998, 2001; FIGUEIREDO SILVA, 1996; KATO, 2000; entre outros). Enquanto o PE se apresenta como uma língua *pro-drop* prototípica, o PB mostra propriedades características do que, mais recentemente, no processo de mudança sobre o qual Kato reflete, tem sido chamado de língua parcialmente *pro-drop*. Os parâmetros estão deixando de ser binários. Seja como for, essa é uma diferença importante para mostrar que estamos, do ponto de vista linguístico, diante de duas modalidades do português.

De modo bastante informal, as línguas canonicamente *pro-drop* se diferenciam das parcialmente *pro-drop* no que diz respeito ao licenciamento de sujeitos nulos definidos (referenciais) e indefinidos[71]. Nas línguas canonicamente *pro-drop* (como o PE, o espanhol e o italiano), sujeitos pronominais definidos em orações finitas (i. é, com flexão de tempo) são preferencialmente nulos, enquanto os pronomes indefinidos precisam ser fonologicamente realizados. Nas línguas parcialmente *pro-drop* (como o PB, o islandês e o marathi[72]), temos o quadro oposto: os sujeitos pronominais definidos em orações finitas são preferencialmente realizados explicitamente, enquanto os sintagmas indefinidos não só podem ser fonologicamente nulos, como essa é a opção preferencial. É exatamente isso o que encontramos analisando o exemplo abaixo, retirado de Duarte (1995). Preste atenção nos pronomes em negrito, eles são definidos porque estão retomando a denotação do sintagma *essa minha tia*:

(13) Essa minha tia que mora aqui, **ela** é solteirona e eu acho que **ela** é superfeliz, sabe? *Eu não acho que **ela** seria feliz assim*... **Ela** é uma pessoa que ajuda os outros pra caramba. **Ela** – isso é até um pouco de defeito – **ela** pensa muito mais nos outros do que nela, né. Mais eu acho que **ela** é uma pessoa feliz e tal, que não tem nada... É que a vida não ficou a dever, entendeu, nada. Foi uma opção dela ficar solteira. **Ela** não ficou solteira porque não apareceu pretendente. **Ela** ficou solteira porque **ela** quis (DUARTE, 1995: 46).

Note que, no trecho de fala acima, o pronome pessoal feminino de terceira pessoa do singular (*ela*) é explicitamente realizado em todas as posições nas quais o sujeito do verbo corresponde ao tópico do discurso (*essa minha tia*). Veja que estamos sempre diante de um contexto definido, porque o pronome pleno está recuperando um referente (*essa minha tia*) que já foi introduzido antes.

---

71. A Definitude é um tópico em si e é quase nada explorado nas aulas de português. Cf. Braga et al. (2015).

72. Língua falada na Índia.

ATIVIDADE

Peça para os alunos gravarem seus avós, avôs, crianças contando histórias. Depois faça com eles a transcrição dos trechos e analise os pronomes utilizados. Aproveite para olhar também a concordância tanto verbal quanto nominal. Avalie com eles até que ponto o que a literatura detectou sobre o PB está efetivamente correto.

No PE, todos esses casos tenderiam a ser fonologicamente nulos, sem qualquer prejuízo à percepção de correferência com o tópico. Leia o trecho acima sem os pronomes em negrito e você estará lendo um trecho muito próximo ao PE. Para os nossos ouvidos é estranho deixar vazia a posição mesmo quando lemos a sentença em contexto. Considere, por exemplo, a sentença a seguir, que aparece em itálico no trecho em (13) e leia sem o pronome no contexto dado: *Eu não acho que seria feliz assim*. Para nós, ela não soa natural, porque nossa tendência é interpretar como se o falante não fosse feliz.

No trecho em (14), vemos ocorrências de sentenças com sujeitos de referência genérica ou indefinida e agora temos o espelho de (14), porque todos os sujeitos, com exceção da forma pronominal *você* (com interpretação genérica), em negrito no trecho em questão, são fonologicamente nulos, conforme indica o símbolo ø:

(14) FALANTE A: Me diz passo a passo como é que ø faz um feijão.
FALANTE B: É... ø escolhe ele, ø lava, ø deixa de molho, ø deixa uma hora de molho, aí depois – de um dia pra outro, né? – aí de manhã você pega uma panela de pressão, um pouquinho d'água, um dente de <alh...>, [uma]...um louro, cebola e o feijão e água, carne seca... e ø deixa cozinhá[73].

Veja que em *como é que faz um feijão / escolhe ele / lava / deixa uma hora de molho*, o sujeito está sempre vazio, não é explicitamente dito. No

---

73. Amostra CENSO/2000, falante 17, feminino, 27 anos, fundamental 1, natural do Rio de Janeiro. PEUL – Programa de Estudos do Uso da Língua http://www.letras.ufrj.br/peul

PE, esses sujeitos de referência genérica/indefinida seriam necessariamente realizados pelo pronome *se* que aparece junto ao verbo, como mostramos em (15)[74]:

(15) FALANTE A: Me diz passo a passo como é que se faz um feijão.
FALANTE B: É... escolhe-se ele, lava-se, deixa-se de molho, deixa-se uma hora de molho, aí depois – de um dia pra outro, né? – aí de manhã você pega uma panela de pressão, um pouquinho d'água, um dente de <alh...>, [uma]...um louro, cebola e o feijão e água, carne seca... e deixa-se cozinhá.

ATIVIDADE

Receita de bolo no PE e no PB deve ser bem diferente, não? Vale a pena conferir e refletir sobre o tema com os alunos. Eles podem tentar construir receitas nas duas línguas (e depois em inglês ou em espanhol).

Mais uma vez, não temos consciência de que estamos ou não usando os pronomes, simplesmente usamos ou deixamos de usar os pronomes na posição de sujeito de forma natural, sem percebermos que estamos seguindo uma regra e que essa regra, além de tudo, não é a mesma que rege a gramática do PE.

4.3 OBJETOS NULOS E ACUSATIVOS PLENOS

Vimos que o sujeito no PB não precisa aparecer, mas sua posição está cada vez mais sendo preenchida. E como é o objeto? O sistema pronominal no PB está mudando não apenas no caso nominativo, isto é, o caso do sujeito gramatical, mas também no acusativo, isto é, do objeto. Embora a posição de objeto possa também ocorrer vazia no PE, como no exemplo apresentado pela primeira vez por Raposo (1986, apud CYRINO, 2001) e

---

74. Há outras diferenças com relação ao PE que não vamos alterar no fragmento em questão porque queremos apenas chamar atenção especificamente para o uso do *se*.

repetido aqui em (16), o PB e o PE diferem muito com relação ao preenchimento do objeto, não apenas porque no PB há muito mais casos em que o objeto está nulo, casos que não são possíveis no PE, mas, como veremos, porque a forma usada no preenchimento não é a mesma.

A sentença em (16) é possível nas duas línguas, mas sentenças como em (17) são agramaticais no PE – exemplos retirados de Raposo (Apud CYRINO, 2001) – e gramaticais no PB:

(16) Joana viu ø na TV ontem. (PE[ok]; PB[ok])

(17) a. Eu informei à polícia da possibilidade de o Manuel ter guardado ____ no cofre da sala de jantar. (PE*, PB[ok])
      b. Que a IBM venda ____ a particulares surpreeende-me[75] <abrir link> (PE*, PB[ok])

Estamos diante de duas gramáticas! Diferentemente do que ocorre com o sujeito, o objeto nulo é perfeitamente possível e comum no PB atual, como mostram os exemplos abaixo retirados de Cyrino (1997, 2000)[76]:

(18) a. "...o meu problema agora é onde botar ø para ser alfabetizada..."
      b. "Eu achei ø ruim demais..."
      c. "Lá vende ø assim por um preço baixíssimo..."

Mas a tabela a seguir, apresentada em Cyrino (2001), mostra como é diferente o preenchimento da posição de objeto no PB e no PE:

---

75. Note que essa sentença é em PE, logo o clítico *me* aparece após o verbo. No PB, diríamos: Que a IBM venda a particulares me surpreende.

76. Cf. Bagno (2014), para uma discussão sobre a relação entre sujeito e objetos nulos.

	Objeto nulo		Objeto preenchido		Total	
	Número	%	Número	%	Número	%
PB	19	76	6	24	25	100
PE	1	3	33	97	34	100

Tabela 1 Diferenças de preenchimento da posição de objeto no PB e no PE.

No PB, o objeto está vazio em 76% das ocorrências *versus* 3% no PE. Os números se invertem com relação aos casos de preenchimento, mostrando claramente que estamos diante de duas gramáticas. Mas essa tabela não nos diz sobre como é esse preenchimento na posição de objeto. Quando o objeto é pronunciado, em que forma ele aparece: átona ou tônica?

No sistema pronominal no PB, há um enfraquecimento do sistema de clíticos, que é o termo que os linguistas usam para se referir aos chamados pronomes átonos da gramática tradicional – os pronomes *o* e *a* em *João o/a viu*. Os falantes do PB estão substituindo os clíticos por pronomes tônicos – como em *João viu ele* e *João viu ela*. Esse enfraquecimento contribui para a pouca ocorrência de sujeito nulo no PB: não sabemos mais quem é o sujeito e quem é o objeto se, por exemplo, estamos usando *ele* para os dois casos. Segundo os dados de Omena (1978), os clíticos objetos com função anafórica, por exemplo *João a viu*, foram trocados por pronomes tônicos (24%), *João viu ela*, ou por uma categoria vazia (76%), *Ele viuø*. Uma sentença como (19a) dificilmente é empregada por falantes do PB, salvo na escrita formal e por pessoas com alto grau de escolaridade. Já as sentenças (19b) e (19c) são tipicamente usadas pelos falantes do PB de qualquer estrato social e escolar:

(19) a. Os livros, guardei-os na estante.

b. Os livros, guardei eles na estante.

c. Os livros, guardei ø na estante.

De acordo com Decat (1989:127), os clíticos permitem às sentenças maior liberdade quanto à ordem dos sintagmas. Com o seu quase desaparecimento, a ordem de constituintes foi se tornando mais rígida, chegando a ponto de ser, ela própria, um marcador de função sintática, como em *ele ama ele*, em que apontamos para dois indivíduos distintos.

Há pelo menos três maneiras de preenchermos o objeto: (i) repetindo o sintagma nominal já dito ou parte dele (20a), (ii) utilizando o pronome clítico de acusativo *o* e *a* para a terceira pessoa, *me* para a primeira pessoa (20b), ou (iii) utilizando o pronome pleno (20c). Utilizar o pronome pleno é agramatical no PE, e corriqueiro no PB:

(20) a. Você viu o João? Eu vi o João. (PE[ok]; PB[ok])

   b. Você viu o João? Eu o vi. (PE[ok]; PB[?])[77]

   c. Você viu o João? Eu vi ele. (PE*; PB[ok])

Uma pesquisa interessante foi realizada por Oliveira (2007). A autora fez um levantamento das ocorrências de objetos preenchidos *versus* de objeto nulo em redações da 1ª à 4ª séries. Como é de se esperar, as características da língua do aluno serão projetadas para a língua que ele está aprendendo a escrever. O que esperamos, então, é que, quanto mais avançada a série, quanto mais alfabetizado, isto é, quanto mais o aluno dominar a escrita, maior será a utilização do clítico (*a*, *o*), que é uma marca da língua escrita padrão. Foi exatamente isso o que Oliveira encontrou na sua análise das redações. A autora avaliou os seguintes casos (os exemplos foram retirados de Oliveira, 2007):

(21) i. Uso do objeto direto nulo:

   Ele ficou bravo e furou a bola e jogou ø no lixo. (3ª série)

   ii. Uso do pronome pleno *ele/ela*:

   Então ele falou: eu vou la ajudar ela a si levantar. (1ª série)

---

77. Essa construção é natural no PE, mas pouco empregada no PB, pelo menos na fala informal e, por isso, acrescentamos o sinal de interrogação.

iii. Uso de sintagma nominal anafórico pleno:
Ele entrou e pegou a pipa derrepente caiu a pipa. (3ª série)
v. Uso do clítico acusativo de 3ª pessoa:
Acho que o Cascão está em perigo vou ajudalo. (4ª série)

Foram coletadas 174 ocorrências, envolvendo objetos nulos, pronomes plenos (a autora refere-se a eles como pronomes tônicos), SNs anafóricos e clíticos acusativos. Veja na tabela abaixo os resultados dessa pesquisa:

Variantes	Número de Ocorrências	%
Objeto nulo	91	52
Pronome pleno	39	23
Sintagma anafórico	14	8
Clítico acusativo	30	17
Total	174	100

A autora mostra que a maior porcentagem de uso do clítico está nas redações dos alunos da 4ª série, 34% das ocorrências nessa série *versus* 8% na 1ª série; estamos vendo o processo de aquisição de uma nova língua e os seus estágios. Note que no exemplo (iv) em (21) o clítico está junto ao verbo, indicando claramente que o aluno está transpondo a oralidade – na fala, não há separação entre o verbo e o clítico; aliás, no português mais antigo, a escrita correta para a forma *ajudá-lo* era justamente *ajudalo*, o que mostra o quão arbitrário podem ser os sistemas de escrita. Mais importante, esse estudo mostra como o professor pode entender o que está acontecendo ao invés de simplesmente corrigir como erro. Ele pode enxergar o deslocamento do aluno em seu momento de aprendizagem.

ATIVIDADE

O sistema pronominal no caso acusativo é também um lugar de discriminação social e esse é um dos traços mais característicos do PB: usamos *ele/ela* na posição de objeto. Mas não só; as formas plenas também são usadas para as outras pessoas, como mostram os exemplos em (i) e, em geral, o uso da primeira pessoa plena é um lugar de grande discriminação:

(i) a. O João viu eu.
    b. O João viu você.
    c. O João viu a gente/nós.

Veja se vocês encontram dados que atestam as formas acima. De onde vêm esses dados? Construa gramáticas com os seus alunos. Reflita sobre a questão da posição: *A gente viu ele* e *Ele viu a gente. A gente viu a gente* é possível? O que ocorre com o sistema de reflexivos no PB? É possível *Eu se mato de trabalhar*? O que esse dado nos mostra?

Em conclusão, o PB está deixando de ser uma língua de ordem livre e se tornando uma língua de ordem fixa. No PB atual, a posição de objeto é preferencialmente nula, enquanto no PE ela é preenchida. Quando preenchida com pronome, no PE esse pronome só pode ser um clítico; no PB temos preferencialmente, na variedade falada, o pronome tônico, que nesse caso ocorre obrigatoriamente após o verbo. Os clíticos são aprendidos mais tarde, quando nós vamos para a escola para aprendermos uma outra língua!

4.4 UMA LÍNGUA VOLTADA PARA O DISCURSO

Como veremos a seguir, embora seja comum a crença de que a sintaxe e a semântica lidam com sentenças, essa é uma visão equivocada. Lidamos sempre com o discurso. Sentenças são as unidades discursivas mínimas. Nessa seção veremos que há línguas que gramaticalizam as estruturas discursivas e esse parece ser o caso do PB.

Considere as sentenças abaixo, retiradas de Costa e Galves (2002):

(22) a. O relógio quebrou os ponteiros. (PE*, PB^{ok})
    b. Aquele carro furou os pneus. (PE*, PB^{ok})
    c. A mesa quebrou as pernas. (PE*, PB^{ok})
    d. A revista xerocou. (PE*, PB^{ok})

Analise-as com algum cuidado. Os constituintes pré-verbais – *o relógio*, *aquele carro*, *a mesa* e *a revista* – não são os agentes dos eventos descritos pelas sentenças, afinal não foi o relógio que intencionalmente quebrou os seus ponteiros. Os constituintes de (22a) a (22c) parecem ser "adjuntos" que se ligam ao núcleo do objeto – ponteiros do relógio, pneus daquele carro, pernas da mesa; ao passo que *a revista* parece ser o objeto do evento de xerocar. Essas são sentenças corriqueiras no PB – confira rapidamente no Google –, mas não agramaticais no PE. Costa (2010) afirma que esse tipo de estrutura é de fato característico do PB – sintagmas que são em geral adjuntos ou complementos podem ocorrer na posição pré-verbal como sujeito gramatical, desencadeando inclusive concordância, sem, no entanto, serem o sujeito semântico do verbo. Essa descrição pode parecer complicada, com tantos termos técnicos, mas vamos desembrulhá-la. Por enquanto, note que temos um contraste entre essas línguas e algo que parece "estranho": um sujeito que não é o agente do evento. Avelar (2011) mostra como o fenômeno é variado e amplo com dados retirados de blogs que, como sabemos, são interações escritas bem próximas da oralidade:

(23) Algumas concessionárias tão caindo o preço [do carro].

(24) Minhas amígdalas tavam saindo sangue.

(25) Apenas 3 desses cinco monitores aparecem imagem, enquanto os outros dois ficam aparecendo a mensagem.

(26) No interior de SP e do Rio, algumas cidades nevam.

Os sujeitos não são os agentes; eles têm outra função semântica. Por exemplo, em (23), *algumas concessionárias* é o sujeito gramatical, assim como *minhas amígdalas* é o sujeito de (24), como mostra a concordância, *tão* e *tavam*, respectivamente. Mas em (23) é o preço do carro que está caindo, as concessionárias estão fazendo o preço do carro cair e em (24) certamente não são as amígdalas que estavam saindo sangue, mas era delas que saía sangue. Você pode fazer o mesmo raciocínio com os demais exemplos.

Claro que cada um dos exemplos precisa ser explicado detalhadamente, e vários linguistas propuseram explicações, entre elas a hipótese de que o PB é uma língua de tópico (ou voltada para o discurso) como o chinês[78]. Mais uma vez estaríamos diante de um parâmetro: há línguas que são voltadas para o discurso – línguas que privilegiam, por assim dizer, a estrutura informacional –, e línguas que prestam atenção no sujeito, como é o caso do PE. Você provavelmente nunca se deu conta desse tipo de exemplo, nunca nem notou que nós falamos dessa maneira, precisamente porque essa é a sua gramática e como não é uma estrutura que foi socialmente estigmatizada, diferentemente do que ocorre com a concordância, por exemplo, é quase certo que você não notou a sua presença.

ATIVIDADE

Colete com os alunos dados que permitam discutir a questão da diferença entre sujeito gramatical e agente. Como, por exemplo:

(i) A bicicleta furou o pneu.

Eis alguns outros exemplos, novamente retirados de Avelar (2011):

(ii) Conheço pessoas que fizeram isso e caíram o cabelo.
(iii) Tem vários turbos 2.5 da Forester, pelo menos uns 15, que pifaram o motor.
(iv) Sonhei que estava em minha casa e ela estava incendiando o telhado.
(v) Até hoje eu tou doendo o pescoço de dançar aquela dança miserável.
(vi) Eu inflamei o músculo do dedo, na articulação.

Esses dados são pequenas joias! E merecem ser analisados com cuidado. Não é possível fazer isso em uma única aula. É preciso construir um projeto sobre Tópico, por exemplo. Em todos os exemplos acima o "adjunto"

---

78. O leitor interessado pode consultar Pontes (1987), Negrão (2000), entre outros.

foi deslocado para a posição de sujeito, às vezes passando por cima de tudo o que há no caminho. Veja (ii), foi o cabelo das pessoas que caiu e não as pessoas. Note novamente a concordância *caíram*. É possível afirmar que *a bicicleta* é o sujeito do verbo *furar* porque desencadeia concordância, mas não é o agente e sintaticamente está em outro lugar. Por que então esse sintagma está nessa posição? A hipótese que vamos apresentar é de que isso ocorre porque é sobre a bicicleta que estamos falando, esse é o tópico da conversa. A sentença em (i) responde à pergunta: O que que aconteceu com a bicicleta? A bicicleta, furou o pneu dela. Veja que é muito comum colocarmos o pronome no lugar de onde saiu o constituinte que foi topicalizado[79]. Vejamos isso mais de perto.

A hipótese de que o PB é uma língua de tópico foi colocada inicialmente por Eunice Pontes, em 1987. Ela não apenas levantou a atenção de vários estudiosos desde então, mas tem desdobramentos interessantes sobre prosódia e a relação entre sintaxe e pragmática/semântica. A relação entre prosódia e semântica foi tratada por Ilari em sua tese de doutoramento nos idos de 1982, desde então muita água já rolou. O tópico carrega uma série de propriedades. Do ponto de vista semântico, o tópico é a informação que já está presente no contexto discursivo, é a informação velha ou já compartilhada pelos participantes do discurso. Sintaticamente, o tópico ocorre quando um sintagma está deslocado para uma posição mais alta, mais à esquerda, para o começo do proferimento. Sabemos que esse deslocamento à esquerda ocorre porque temos pistas fonéticas. Mais uma vez o tema é vasto, mas perceba a diferença entre as melodias abaixo. Leia cantando, colocando o foco prosódico no elemento em que está anotado F subscrito:

(27) a. [O João]$_F$ pausa quebrou o vaso.
     b. [O João quebrou o vaso]$_F$.
     c. O João quebrou$_F$ pausa o vaso.

---

79. Estamos olhando para o funcionamento da conversa, do discurso, em que os falantes negociam o que é já conhecido, o tópico, do que é informação nova. Cf. Roisenberg Rodrigues e Menuzzi (2011) e Quarezemin (2012).

As pausas indicam curvas melódicas. Veja a curva melógica de (27a)[80].

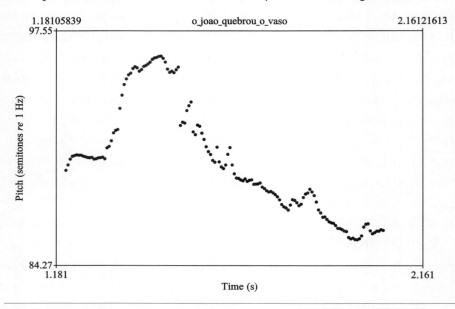

Compare com quando temos o chamado foco amplo

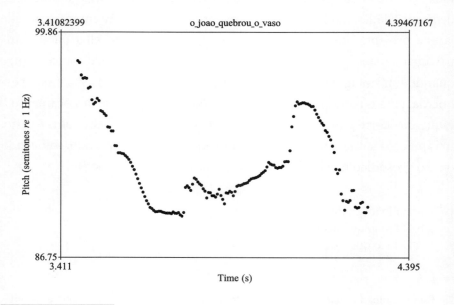

---

80. Agradecemos a Daise Carpes.

Esses proferimentos se encaixam em discursos distintos, respondem a diferentes perguntas. Muita atenção a (27a), porque, dependendo da música que você "cantar", o João pode ser tanto informação nova, e nesse caso é possível apagar *quebrou o vaso*, quanto indicar aquilo que já sabemos, e a informação nova é que houve a quebra do vaso. Mas note que há uma diferença de música nesses dois casos, assim como as perguntas que estão "implícitas" são bem diferentes:

(28) a. Quem que quebrou o vaso? O João$_F$ pausa quebrou o vaso.

b. O que que o João fez? O João pausa [quebrou o vaso]$_F$.

Em (28a), o tópico, a informação compartilhada, é que houve a quebra e o foco, a informação não compartilhada, desconhecida, é o autor do evento, o João. Em (28b), o tópico é que João fez algo e o novo é o que ele fez: quebrou o vaso. Há muito mesmo a ser dito sobre essa questão, mas veja que os deslocamentos que vimos nos exemplos anteriores podem talvez ser explicados como movimento para uma posição que marca um papel no discurso. É por isso que o PB tem sido descrito como uma língua voltada para o discurso (cf. NEGRÃO, 2000).

Suponha que estamos na situação descrita em (29):

(29) O que o João fez?

O João$_T$ quebrou o vaso.

O constituinte *o João* é certamente informação já compartilhada, porque está na pergunta. Marcarmos isso com o T de Tópico subscrito. Podemos ler ali uma estrutura sintática e também uma estrutura semântica/pragmática, além do correlato prosódico que já mostramos acima[81]. A ideia

---

81. Há muito a ser estudado sobre a interação entre prosódia, sintaxe e interpretação (semântica/pragmática). Cf., p. ex., Seara e Figueiredo Silva (2007), Pires de Oliveira e Seara (2012), Carpes (2014).

é que os indivíduos envolvidos nessa conversa sabem quem é o João. Estamos falando sobre esse indivíduo e pedindo informações sobre o que ocorreu. Os interlocutores estão trocando informação sobre o evento que foi realizado por João. A semântica das perguntas, que veremos melhor na próxima seção, traduz isso usando alternativas: uma pergunta exige que haja alternativas. Por exemplo, responder a *Quem quebrou o vaso?* é apontar um conjunto de possíveis "quebradores de vaso".

Agora considere o que temos em (iv) *Sonhei que estava em minha casa e ela estava incendiando o telhado.* Nesse exemplo, *ela* é o tópico da conversa, porque o sonho era sobre a casa. O que importa é o que ocorreu no sonho, ao proferir *ela* o falante retoma *minha casa* e diz algo como: é sobre isso o que vou falar. É o telhado da casa que está incendiando, mas e o sujeito da sentença é *ela*. Por que o falante separou o telhado da casa? Porque ele quer notificar que é sobre a casa que ele está dando uma informação nova, o telhado dela estava pegando fogo.

ATIVIDADE

É muito comum, nas redações escolares, vermos os alunos separando o sujeito do predicado por vírgula, o que é imediatamente corrigido através de um dito não explicado: "Não se separa o sujeito de seu predicado!" Mas o aluno, quando coloca a vírgula, está utilizando a sua gramática internalizada e seria melhor se o professor explicasse por que ele usou essa vírgula, o que ela nos diz. Muito provavelmente ela está ali para marcar o tópico que, na fala, como vimos, é de fato separado por uma curva prosódica característica, seguida por uma pequena pausa; na escrita esta pausa é indicada pela vírgula: "Estudamos o comportamento dos meninos e das meninas. Os meninos, escreveram menos". Se essa análise estiver correta, o aluno não está separando sujeito e predicado com vírgula, e sim tópico (informação compartilhada, marcada por uma curva prosódica específica) e comentário (informação que pode não ser compartilhada, em geral discursivamente mais relevante), transpondo para a outra língua a sua gramática internalizada.

ATIVIDADE

O professor de Português pode explorar esse tipo de fenômeno para ensinar análise sintática por um caminho que faça sentido para o aluno – lembre-se de que é ele que vai construir a gramática – e para entender outro tipo de estrutura que é também uma característica do PB. Esse fenômeno pode estar relacionado ao fenômeno do tópico e por isso discutimos nesta seção. No PB, mas não no PE, temos construções como em (i):

(i) a. João encheu o balde.
    b. O balde encheu. (PE*, PBok)

Para nós essa é uma construção tão comum, que poderíamos facilmente imaginar que esse tipo de alternância ocorresse em todas as línguas e com qualquer verbo transitivo. O PE mostra que não é esse o caso. Também não é qualquer verbo que permite a alternância, como, por exemplo, em (ii):

(ii) a. João viu o balde.
     b. * O balde viu.

Esse é um outro padrão oracional do PB que tem chamado a atenção de vários pesquisadores[82]. Apresentamos a seguir uma série de exemplos. Repare como eles são naturais para os nossos ouvidos, tão naturais que às vezes não notamos que estamos utilizando esse tipo de construção; mais uma vez, é preciso afinar os ouvidos para ouvir a música do PB, porque es-

---

82. Cf. Cançado (2010), Cançado et al. (2013), Perini (2008), entre outros.

tamos imersos nele, e prestarmos mais atenção no quão fascinante ele pode ser. Veja esse outro exemplo retirado da internet:

(iii) Catarina, a minha casa reformou e eu pensei se você não quer morar comigo[83].

Colete mais exemplos. Veja se essas construções são possíveis no PE. Depois reflita com os alunos sobre o que está ocorrendo. Aparentemente, um verbo transitivo, *reformou*, tem como sujeito o seu tema. A casa não reforma, mas é reformada. Podemos tratar esse caso também como uma questão de estrutura informacional ou estamos diante de um outro fenômeno?

4.5 AS INTERROGATIVAS-QU

Sentenças interrogativas típicas do PB não são gramaticais no PE. Certamente o leitor já percebeu que cada uma das características que discutimos levanta várias outras que podem e devem ser exploradas nas aulas. Há muitas questões que podem ser tratadas quando refletimos sobre as perguntas; talvez a mais básica seja a sua entonação característica. Já falamos também sobre o papel das perguntas na definição da estrutura informacional. Não podemos, no entanto, perder de vista que nosso objetivo é traçar algumas diferenças entre o PB e o PE que o professor pode explorar em aula. Nosso propósito não é exaurir os temas, nem fechar em alguma explicação, mas mostrar o que há para ser explorado. Como já dissemos, precisamos de mais pesquisadores. Eis o contraste que nos interessa:

(30) O que que o Pedro comprou? (PE*, PB[ok])

Claro que esse é um problema que não entra na escola. Ninguém sente como um problema, mas "a gente" não pergunta assim em Portugal. Esse é

---

83. http://socialspirit.com.br/fanfics/historia/fanfiction-fifth-harmony-my-everything-2498063/capitulo15

um problema intrincado e vamos nos contentar em apresentá-lo para poder falar um pouco mais sobre as perguntas, que são fascinantes!

Perguntas, como dissemos, colocam alternativas. Do que sabemos, as línguas têm dois tipos de perguntas: aquelas que a alternativa é sim ou não – *Está chovendo? Sim/Não* – e aquelas que têm as alternativas em aberto, dependentes do contexto – *Quem quebrou o vaso? A Maria/O Pedro*. Vamos denominar essas últimas de perguntas-QUE. Veja os exemplos abaixo:

(31) a. Maria comprou um carro? Não.

b. Quem comprou um carro? O Pedro.

As expressões-QUE direcionam respostas: *quem* requer a identificação de uma pessoa; *o que* pede a identificação de alguma coisa; *como* – veja que essa é também uma expressão-QUE porque coloca várias alternativas – seleciona modos e assim sucessivamente. Assim podemos decompor essas expressões como sugerido no esquema em Mioto e Quarezemin (2012: 44):

(32) a. quem = qu + pessoa;

b. o que = qu + coisa;

c. quando = qu + momento/tempo;

d. onde = qu + lugar;

e. como = qu + modo.

Essa decomposição não é obviamente sem sustentação empírica e pode ser extendida para outros pronomes interrogativos como *qual* exige um nome, *qual livro*. Na conversa, podemos omitir o nome: – *O João está procurando o seu livro. – Qual?* Faz parte do nosso conhecimento implícito que *quem* pergunta por uma pessoa (ou algo que é tomado como uma pessoa, seu cachorro ou gato, p. ex.). Historicamente essas formas são relacionadas, como mostra a presença de *qu* em várias dessas formas.

ATIVIDADE

Pare de ler um minuto e pense. O que significa perguntar? Os animais perguntam quando eles se comunicam? O que precisamos ter para podermos fazer uma pergunta? Que tipo de modelo precisamos para podermos inventar uma língua que tenha perguntas? Como as perguntas são feitas? Quais as curvas prosódicas? Há outros tipos de pergunta? O falante pode, por exemplo, perguntar pedindo confirmação, duvidando de algo?

Colete dados sobre perguntas-QUE. Veja se há diferentes modos de elas se realizarem. Por exemplo, imagine que todo mundo sabe que o João está namorando a Patrícia por quem ele é apaixonado. De repente vem a informação de que justo ele, o João, beijou a Bia! Mas você não acredita nessa história e pergunta:

(i) O João?! beijou a Bia?

Em todas as línguas que conhecemos podemos reportar o discurso do outro. Assim podemos perguntar algo diretamente, como quando queremos saber o que o João vendeu, em (33a), mas também temos perguntas indiretas, como as que aparecem nas encaixadas/subordinadas, (33b)[84]. Não há por que duvidar que (33b) seja uma sentença declarativa, dada a sua prosódia característica – há uma elevação e abaixamento na sílaba tônica final, o que é representado na escrita pelo ponto-final:

(33) a. O João vendeu o quê?

b. A Júlia perguntou o que o João vendeu.

---

84. Reportar a fala de outro é um tema à parte e irá nos levar a falar sobre intensionalidade – Atenção, é com S mesmo –, exatamente porque precisamos diferenciar de intencionalidade, que é o objeto de estudos da Pragmática.

Na nossa intuição (33a) não aparece nos mesmos discursos que encontramos perguntas como:

(34) O que o João vendeu?

A pergunta em (33a), em que a expressão-QUE figura no final, parece ser um pedido para que seja confirmado o que foi comprado. O que o João comprou já foi introduzido no discurso (no fundo conversacional), mas o falante ou não entendeu o que foi dito ou está pedindo confirmação incrédulo[85]. Assim, não é obrigatório, no PB, que a expressão *o que* seja movida para uma posição mais à esquerda, para usar uma descrição gerativista, formando, assim, a pergunta *O que João vendeu?* E não mover parece levar a uma interpretação diferente.

Preste atenção no exemplo a seguir. Compare (35a) e (35b). Elas têm desenhos melódicos bem distintos, que aparecem na escrita quando distinguimos os diferentes modos de reportar um discurso.

(35) a. A Júlia perguntou: "O João comprou o quê?"
b. A Júlia perguntou o que (que) o João comprou.

A forma mais natural de proferirmos (35b), para nós, brasileiros, é colocar um outro *que* entre o *o que* e *o João.* Aí está uma diferença com o PE, como já vimos acima. Se estamos no discurso indireto (e não no indireto livre), é obrigatório termos (35b).Veja o que ocorre quando deixamos o *que* no seu lugar de origem, afinal supomos que ele nasceu como um complemento de *comprou.*

(35) *A Júlia perguntou o João comprou o quê?

---

85. Sosa et al. (2013) mostram diferentes curvas prosódicas para expressão dessas diferentes atitudes proposicionais. Mais uma vez esse é um tópico em si.

Em terminologia sintática, dizemos que no discurso indireto a expressão-QUE deve obrigatoriamente ser deslocada para uma posição mais alta na estrutura. Ela sai de sua posição original – acompanhe no desenho abaixo – e se desloca para antes do sujeito da sentença encaixada. Se esse movimento não ocorre, como aparece em (35), a sentença se torna agramatical.

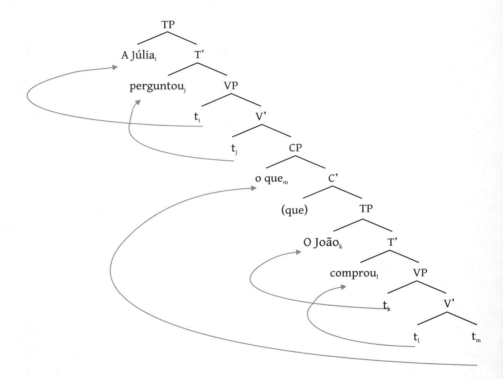

Há assim várias propriedades sintáticas das sentenças interrogativas que merecem ser estudadas. Além disso, como já apontamos, é possível refletir sobre a semântica dessas expressões e seus encadeamentos discursivos. Essas são atividades que podem ser desenvolvidas com alunos de séries diferentes.

ATIVIDADE

Do ponto de vista da semântica essas estruturas podem ser tratadas como funções matemáticas. Por exemplo, em (34) *O que o João vendeu?* as alternativas são o conjunto de coisas que o João vendeu. Em uma pergunta com *quem* é o conjunto de indivíduos que possa ter feito algo. Se você notou, estamos falando de possibilidades de preenchimentos de uma variável. Tente sentar com o professor de Matemática para conversar sobre funções e conjuntos. O professor de Filosofia pode acompanhar com a Lógica e retornar a Aristóteles.

Essa pequena excursão pelas interrogativas tinha como objetivo mostrar que há uma maneira de perguntar que é característica do PB, que não ocorre no PE. Nessa outra maneira, que é muito recorrente, a expressão-QUE é seguida do complementizador *que*, como em (36):

(36) a. Quem *que* saiu sem se despedir?

b. O que *que* o menino fez?

c. Onde *que* a Joana mora?

d. Quando *que* o Bruno viajou?

e. Como *que* o Bruno está?

Mioto (2011) faz uma comparação entre as sentenças interrogativas-QUE do PB e do PE. O autor mostra que a expressão-QUE pode aparecer "deslocada" para a periferia esquerda da sentença nas duas línguas, como vemos nos exemplos em (37). Preste bem atenção na estrutura nas sentenças abaixo. (37a) tem o verbo *ser* entre os elementos *que*, enquanto que em (37b) não há nenhum elemento. Imagine que estamos diante do resultado de uma construção que combina os elementos mantendo a sua identidade. Isto é, a expressão *o que* em (37b), por exemplo, significa o conjunto de alternativas de coisas que ele comprou. Sabemos que esse elemento nasceu como argumento interno de *comprar– comprou o que* – e se deslocou para uma posição mais alta, que é a sua posição para a pergunta. O problema é que no PB temos um *que* a mais, por assim dizer. Esse é o caso de "Comp duplamente preenchido".

(37) a. Onde é que você estava em 82, Artur Jorge? (PE^{ok}, PB^{ok})

   b. O que que ele comprou? (PE*, PB^{ok})

Seja como for a explicação para esse fenômeno, ele também aparece nas interrogativas indiretas (ou encaixadas) como nos exemplos em (38), que são agramaticais no PE:

(38) a. Carla perguntou o que *que* o menino fez. (PE*, PB^{ok})

   b. Jonas sabe onde *que* a Joana mora. (PE*, PB^{ok})

A pergunta que fica é: Por que temos essa estrutura e o PE não? Como já apontamos antes, talvez o fato de que apenas o PB é uma língua voltada para o discurso possa ser uma explicação para o modo como perguntamos.

4.6 O SISTEMA NOMINAL NO PB E O SINGULAR NU

Como já apontamos, nossa intenção neste capítulo é apresentar algumas características do PB que servem para entendermos melhor como é essa língua em comparação com o PE e proporcionar ao professor lugares que ele pode explorar com a sua turma. Os sistemas nominais variam através das línguas, mas é possível organizá-los em dois grandes grupos: as línguas que utilizam artigos (determinantes) e as línguas que não utilizam – o Karitiana, por exemplo, é uma língua que não tem artigos.

ATIVIDADE

Refletir sobre o sistema nominal de uma língua. Podemos começar pensando sobre se todas as línguas têm plural, por exemplo. Se há artigos como o *o* e o *a* no PB ou o *le* e *la* no francês. O Mandarin é uma língua que não tem nem plural nem artigos. Também várias línguas indígenas brasileiras são nuas, como é o caso do Karitiana[86], o Yudja[87].

O português é uma língua que tem artigos definidos e indefinidos[88], assim como quantificadores – expressões como *todos*, *cada* –, além de morfema de plural. Mas o PB tem uma estrutura, bastante produtiva, que não é gramatical no PE e nem em qualquer outra língua românica. Trata-se do chamado Singular Nu (SNu)[89]. Abaixo alguns exemplos de Singular Nu, que vem sublinhado (repare especialmente no ex. (43), retirado de banco de dados):

(39) Baleia está em extinção.

(40) Cachorro morde.

(41) Maria comprou livro ontem.

(42) Pedro viu filme ontem a tarde.

(43) Bicicleta se arrebentou (KABATEK, 2007).

Nenhuma dessas sentenças é gramatical no PE e em nenhuma outra língua românica. Elas são tão normais para os nossos ouvidos que, mais uma vez, demorou um tanto de tempo para que os pesquisadores percebessem a sua presença e sua importância na definição do PB. A sentença em (43) é considerada marginal na literatura. Ela seria menos natural do que as demais. Confere com a sua intuição? Também a aceitabilidade de (39) é controversa. Há autores que aceitam e autores que não aceitam. O que a sua intuição diz? A sua intuição e a intuição dos alunos são fundamentais para

---

86. Para uma apresentação do sistema nominal do Karitiana cf. Müller e Bertucci (2012).

87. Para o Yudja cf. Lima (2014) e Storto et al. (2015).

88. A rigor é preciso investigar se estamos mesmo diante de um artigo ou de um quantificador. Para nós, essa questão é irrelevante.

89. Para uma introdução mais teórica cf. Pires de Oliveira (2014).

o desenvolvimento de uma gramática. Exclua, então, essas duas sentenças cuja avaliação é controversa. Reserve para depois. Observe o dado claro. Somos cientistas, precisamos "limpar" os dados, pelo menos num primeiro momento, para podermos compreender melhor os mecanismos que estão operando. Restam as sentenças de (40) a (42).

Uma possibilidade para a sua existência é ele ser uma consequência da perda de plural no sistema nominal no PB. Sabemos que o PB está deixando de marcar a pluralidade em todos os elementos do sintagma nominal, passando a marcar a pluralidade em apenas um dos termos, em geral no termo mais à esquerda, como mostram os exemplos abaixo, retirados de Scherre e Naro (1998):

(43) oS freguesES; aS boaS açÕES; essaS coisaS todaS (variantes explícitas);

(44) essaS estradaS novaø; doø meuS paiS (variantes explícitas e variantes zero);

(45) aS codornaø; aS portaø abertaø (variantes explícitas e variantes zero).

Note que em (44) a marcação não ocorre no elemento mais à esquerda. Não é nossa intenção determinar a regra para a marcação de plural no PB. Há várias alternativas para expressar pluralidade no sintagma nominal. Logo, estamos, mais uma vez, em uma situação de variação, desde variedades que marcam a pluralidade em todos os elementos do sintagma nominal, como em (43), até aquelas que marcam apenas no determinante, no artigo definido ou no demonstrativo, em (45). Além disso, aparentemente as estruturas em (46) são agramaticais:

(46) *A codornas; *o fregueses; *essa estradas.

ATIVIDADE

Faça um projeto sobre pluralidade com os seus alunos. Esse é um fenômeno que, segundo Scherre (1994), ocorre em todas as variedades, não é restrito nem a uma região nem a uma classe social específica; é característico de toda a comunidade de fala brasileira. Esse fenômeno caracteriza, portanto, o PB. Um projeto é avaliar se há algum condicionamento externo ou interno para a presença da marca de plural. A literatura afirma que a presença ou ausência da morfologia de pluralidade é condicionada tanto por fatores sociais quanto por fatores linguísticos. Aparentemente quanto mais à direita no sintagma, maior a probabilidade de a marcação de plural não aparecer. A escolaridade e a formalidade são fatores externos que interferem na escolha por uma ou outra gramática; algo que fazemos intuitivamente e que o professor de Português pode mostrar para os alunos e assim incentivá-los a mudar de registros.

O que é preciso ficar claro é que não se trata de perda da marca de pluralidade. Não estamos deixando de marcar o plural. Estamos deixando de ter concordância obrigatória. A perda de morfologia de número implica que estamos na direção de apagar a diferença entre *o menino* e *o-S menino(s)* (ou *o menino-S*); o que não é o caso. O ponto é que *o menino* não pode ser usado para falar sobre mais de um menino. Ele é necessariamente interpretado como sendo sobre um menino em particular, uma singularidade. Logo, não estamos perdendo a morfologia de plural, mas exigindo a marcação em pelo menos um elemento do sintagma, em geral mais à esquerda. Uma predição é que, se estivermos diante de uma pluralidade, temos necessariamente que usar a marca de plural. E de fato é esse o caso. Se há dois meninos no contexto não podemos usar *o menino*.

Se é isso mesmo, fica difícil imaginar que o Singular Nu (SNu) é uma decorrência do apagamento da concordância de plural. Afinal, ele é o único elemento do sintagma e há mais de um indivíduo envolvido, logo a marca de plural deveria aparecer.

A hipótese de que essas sentenças são derivadas de um apagamento do morfema de plural parece não se sustentar, por várias razões. Se fosse um apagamento da pluralidade, a nossa expectativa seria que o SNu se comportasse como o Plural Nu (PNu). Mas isso não ocorre sempre. Compare quando temos um PNu:

(47) a. # O João mais comprou laranja-S hoje.

b. O João comprou mais laranja hoje.

Se fosse só apagamento, elas deveriam ser substituíveis em qualquer contexto, mas não é esse o caso. Suponha que João tenha comprado diferentes tipos de laranja – laranja lima, laranja pera, por exemplo –, não conseguimos descrever essa situação com o SNu. A leitura de que o número de laranjas é maior no dia que o proferimento é dito ocorre tanto com o SNu quanto com o PNu, mas apenas (47b) pode ser verdadeira se João comprou menos número de laranjas, mas mais peso.

Na posição de sujeito, fica mais claro que a interpretação de subtipos de laranja só ocorre com o PNu. Compare abaixo:

(48) a. Cachorros mordem.

b. Cachorro morde.

Ainda que muito sutil, parece haver uma diferença de interpretação. Apenas (48a) permite uma leitura existencial, em que há alguns cachorros que mordem. A força de caráter de lei é muito mais forte em (48b). (48a) é mais genérica, no sentido de estabelecer um padrão a partir de uma indução, ao passo que (48b) é mais uma lei, vale para todos.

Claro que essas são diferenças sutis. Mas parece não ser uma perda de morfologia, porque eles dizem coisas diferentes. É essa a linha de raciocínio que propõem Pires de Oliveira e Rothstein (2011). As autoras entendem que o chamado Singular Nu é, na verdade, um nome de espécie, da mesma forma que o nominal Nu em mandarin e em outras línguas, como era o caso no latim, em que não havia artigos, e como é o caso em muitas línguas indígenas brasileiras. Além disso, Kabatek (2007) mostra que o Singular Nu no PB é uma estrutura antiga no português, um resquício do português antigo, que não só se manteve apenas no PB, mas se expandiu, dado que nas variedades mais antigas do português não há tantos dados e tantos contextos de uso como registramos no PB de hoje.

ATIVIDADES

Nomes de espécies ou termos genéricos não têm as mesmas propriedades de nomes coletivos. Nomes coletivos são *cardume, orquestra, partido político*. Veja que, embora a orquestra como um todo possa ter tocado muito bem, o segundo violinista tocou muito mal. Assim, propriedades do coletivo podem ser, mas não são necessariamente, propriedades dos indivíduos que compõem essa coletividade. Mas se algo é baleia, esse algo tem as propriedades dessa espécie. Ou seja, uma instanciação da espécie "baleia" tem as propriedades dessa espécie. A espécie é um indivíduo diferente de você e de mim, que somos instanciações, porque ela tem a propriedade de estar em vários lugares ao mesmo momento do tempo. A espécie "cachorro" ocorre em muitos lugares diferentes nesse momento. Coletivos se comportam diferentemente. Mas há outros tipos de nomes. Os nomes contáveis, os nomes de massa. A GT fala em nomes concretos e abstratos e faz uma grande confusão. O professor pode explorar os diferentes tipos de nomes e entidades. Na Semântica e na Filosofia, interpretar é construir um modelo de mundo. Nesse modelo, há uma ontologia, o domínio dos objetos que não precisam ser entidades concretas. Na ontologia que estamos propondo há pelo menos dois tipos de indivíduos: as instanciações, eu e você, e as espécies. Há diferentes tipos de indivíduos – indivíduos que não têm contornos nítidos, como substâncias, indivíduos plurais, "indivíduos" como o amor e a lealdade. E por aí vamos.

Se essa explicação da espécie parece boa para a sentença em (48b), o que podemos dizer das sentenças em que o Singular Nu está na posição de objeto, como é o caso em (49a)? A sugestão é comparar com as outras possibilidades e não apenas com o Plural Nu:

(49) a. O João comprou livro.

    b. O João comprou um livro.

    c. O João comprou o livro.

d. O João comprou uns livros.

e. O João comprou os livros.

Não é fácil construir uma gramática... Seja como for, a forma menos carregada de significado parece ser (49a), porque ela é acarretada por todas as demais sentenças: se é verdade que o João comprou um livro em particular é verdade que ele comprou livro. Se alguém diz que comprou o livro, diz que comprou livro, isto é uma instanciação da espécie, e era um livro específico. Mas o oposto não é verdade. Se alguém afirma que comprou livro, não podemos deduzir que se trata de um único livro em particular. Denotar a espécie (ou o conceito, como preferimos) diz muito pouco, apenas que estamos diante de uma instanciação.

Precisamos explicar a diferença entre o PB e o PE. A gramática do PE não gera o SNu. Mas não é essa a única diferença. As diferenças parecem reocorrer em diferentes "lugares" da língua, por assim dizer. O fato de haver o SNu no PB parece estar associado a outros fenômenos característicos dessa língua. Por exemplo, no PB, mas não no PE, comparamos usando o SNu:

(50) O João comprou mais livro que a Maria. (PE*; PB[ok])

Essa estrutura não existe no PE. O mesmo acontece com as sentenças abaixo, impossíveis no PE, mas gramaticais no PB:

(51) Temos q decidir pra poder reservar um pouco de mesa neh alias... Vila sexta a noite eh u h... (PE*; PB[ok])[90].

(52) Tem muito menino no elevador. (PE*; PB[ok])

---

90. Sentença retirada de blog.

Uma construção também típica do PB e que, dessa vez sabemos, é um resquício do português antigo está exemplificada abaixo:

(53) Todo menino chora. (PE*; PB[ok])

Essa estrutura é agramatical no PE, que utiliza (54) para expressar o que (53) expressa. Mas note que (54) não é gramatical no PB (ou se é tem uma interpretação bem estranha, todas as partes do menino choram):

(54) Todo o menino chora. (PE; *PB)

Será que essa construção com *todo* característica do PB está ligada à existência do Singular Nu? Acreditamos que sim, mas, mais uma vez, do que sabemos, não há estudos sobre o tema.

Todas as questões levantadas neste capítulo, em que apresentamos algumas propriedades do PB em comparação com o PE, podem ser discutidas usando a metodologia introduzida no capítulo 3, isto é, olhando para os dados, propondo generalizações, testando as hipóteses. Neste capítulo, fizemos um movimento de comparar o PB e o PE e refletir se temos argumentos linguísticos para afirmar que estamos diante de línguas diferentes. Vimos que há argumentos de vários lugares: do sistema pronominal, do sistema nominal, da concordância, da estrutura informacional. Apenas traçamos algumas diferenças, deixando inúmeras questões em aberto. Mas esperamos ter mostrado que há muito a ser explorado sobre a gramática do PB (e de outras línguas).

Capítulo 5

Falando no concreto
Gramáticas na sala de aula

Geraldi (2006), em sua fala "Pesquisa em Linguagem na Contemporaneidade", endereçada aos formandos de letras e linguística da Unicamp, por um caminho bem diferente, de crítica à visão científica que aqui propomos, termina sugerindo a radicalização "na defesa de outras manifestações verbais como tão importantes ou até mais importantes do que aquelas que a tradição elevou à categoria de cânone". É essa posição radical que acreditamos que pode efetivamente fazer a diferença nas aulas de português. Concordamos plenamente com Geraldi: é preciso olhar para o português da gente que diz *Os menino tudo saiu* e muitas outras gramáticas. Diferentemente de Geraldi, não entendemos que a linguagem é mais um modo de constituição da subjetividade do que uma representação do mundo. A linguagem é, ao mesmo tempo, afirma Franchi (1975) em seu famoso artigo "Linguagem: Atividade constitutiva"[91], a nossa maneira de nos constituirmos enquanto subjetividade na medida mesma em que construímos o nosso mundo (ou uma representação dele). Não há dicotomia entre sujeito e mundo, mas mútua constituição.

Assim, de perspectivas distintas, entendemos, como Geraldi, que é uma obrigação política e moral não apenas conversar com os alunos sobre a língua que nós falamos, mas de levá-los a uma posição crítica com relação

---

91. Republicado em Franchi, Fiorin e Ilari (2011).

à falsa crença, que tem subsidiado a exclusão do PB falado das aulas de português, de que há línguas melhores e falas erradas. Toda língua é uma organização muito complexa. Esperamos que este livro tenha contribuído nessa direção ao mostrar um pouco da língua que falamos e ao propor que o professor, juntamente com os alunos, experimente construir gramáticas da sua língua ou das línguas que são faladas em sua comunidade. Esse é um ato transgressor!

Ao longo desse caminho procuramos mostrar algumas ferramentas que possibilitam não apenas a entrada de outras línguas na escola, mas principalmente uma maneira construtiva de trabalhar gramáticas: ensinar os alunos a construírem gramáticas, para assim ensiná-los a metodologia científica e torná-los conscientes das diferentes línguas e de sua própria maneira de falar. Há razões práticas para esse empreendimento, por exemplo, interferir positivamente na aquisição da escrita. Há também autores que sugerem que ensinar a construir gramáticas é uma ferramenta importante para que os alunos aprendam ciência, como já dissemos[92]. Mas, para nós, o motivo último é que não há nada mais interessante do que a natureza, do que tentar entender como são as coisas. É contagiar o aluno com a curiosidade. O espírito de descoberta, tão característico da empreitada científica, é sem dúvida um motor potente para o conhecimento. O professor deve estar preparado para o novo, para hipóteses que ele mesmo não considerou. O estilo socrático, a maiêutica, são metodologias em que a **autoria do conhecimento** é do aprendiz.

Quando pensamos em pôr a Linguística na sala de aula – enquanto ciência – e acionar o nosso conhecimento linguístico para entender o PB, que é afinal a língua que falamos, julgamos que um dos aspectos mais importantes é restaurar esse fascínio pela língua que falamos; afinal, trata-se de um sistema complexo, altamente eficiente, que dominamos muito

---

92. No Brasil, essa posição foi defendida por Perini (1997), Basso e Pires de Oliveira (2010), Basso et al. (2012).

rapidamente – antes dos 5 anos já somos donos da nossa língua – e sem necessidade de ensino sistemático. Mesmo as crianças mais abandonadas aprendem uma língua, mesmo aquelas severamente afastadas da convivência humana têm a sua língua. Quanto mais próximo da língua do aluno for o mote de investigação, maior será a sua curiosidade e maior serão os efeitos não apenas na construção da sua subjetividade, da sua identidade, mas também na sua capacidade de se mover em outras línguas, inclusive a escrita. Seguindo os passos do físico Richard Feynman (1918-1988), entendemos que a mola propulsora do conhecimento é a curiosidade; não há nada mais eficiente do que atiçar a curiosidade dos alunos para que eles tenham interesse em aprender algo. Ser curioso. É esse o nosso convite! O conhecimento não deve ter uma finalidade prática – se ele tiver, assim que a finalidade se exaurir, o conhecimento pode ser deixado de lado; mas isso não quer dizer que o conhecimento não possa ter finalidade prática – pode sim, mas essa não é a sua principal motivação. Investigar vale a pena porque podemos entender a natureza (e nós mesmos), e essa é uma aventura fascinante.

Este livro apresentou diferentes maneiras de explorar a curiosidade e intuição dos alunos para elegê-lo autor de seu modelo sobre a língua que ele fala e sobre outras línguas. Também mostrou algumas propriedades do PB, em particular em comparação com o PE, para que tenhamos mais clareza sobre a língua que falamos. A proposta exige uma escola diferente e condições de trabalho dignas para os professores. São projetos de estudo e de pesquisa que o professor leva junto com os alunos e com outros professores. Não há receitas para fazer isso. Daí o desafio! Ao longo dessa trajetória levantamos várias possibilidades de atividades na sala de aula, em particular para a aula de Língua Portuguesa, que, como já dissemos, não pode ser confundida com a língua materna dos brasileiros. Neste último capítulo, vamos sistematizar algumas ideias que poderiam virar projetos nas aulas de Língua Portuguesa. São ideias porque implementá-las em um projeto de ensino e pesquisa é uma atividade que o professor deve realizar (e pode contar com a nossa ajuda).

Uma maneira diferente de iniciar a conversa nas aulas de língua portuguesa é levar os alunos a imaginar que cada um deles é um cientista que veio de um outro planeta – digamos, uma cientista de Marte. O grau de profundidade com que o professor irá explorar a analogia com a cientista de Marte depende da turma com a qual ele está interagindo. Com turmas mais jovens, de 5ª série, por exemplo, mostrar as diferentes línguas pode ser uma aventura. Quais línguas eles conhecem? Quais eles já ouviram? Quais eles nunca ouviram? Como é estar diante de uma língua totalmente desconhecida? E a criança, como ela aprende?

Suponha que esse/essa cientista acabou de descer de sua espaçonave no Brasil e quer aprender a língua que se fala nas ruas, nas conversas de bares, nas rodas de amigos. Ele/ela gostaria de ser reconhecida como uma falante nativa. A sua primeira sensação é de total incompreensão, de um fluxo de sons sem sentido. O professor pode levar os alunos a perceberem a situação radical de contato com uma língua absolutamente desconhecida, colocando trechos de outras línguas, entrevistas, contação de casos. Por exemplo, escute Kaingang ou uma língua indígena da sua região. Certamente há alguma. Talvez ela esteja em processo de revitalização, talvez ela esteja morrendo. Quem sabe há falantes de outras línguas – ou na localidade –, quem sabe há falantes de outras línguas próximos à escola, na comunidade. Claro, quanto mais distante a língua, mais interessante pode ser a aula. Coloque para os alunos a situação de aprender uma outra língua sem nenhum outro suporte – sem tradutor, por exemplo. Coloque também que todos nós somos multilíngues, falamos mais de uma língua. Por exemplo, somos mais ou menos fluentes na língua escrita, que é uma segunda língua. Falar uma outra língua é uma capacidade que nós todos temos. Esse é um ponto de contato com os professores de outras línguas, de inglês ou de espanhol.

Da posição de cientista, ela/ele escuta um contínuo sem distinção de palavras. Coloque o ponto de vista de alguém que quer descrever essa língua, fazer uma gramática dessa língua. O que precisamos ter para fazer uma gramática de uma língua? O que é uma gramática? Leve aos alunos diferentes tipos de gramática. Quem sabe uma gramática de alguma língua indígena falada na sua comunidade ou nas proximidades? Uma gramática do inglês para falantes de português. Uma gramática do português para falantes de outras línguas. Uma gramática do português falado. Explore os diferentes tipos de gramática. Importante, faça os alunos perceberem as diferentes gramáticas.

Essas são atividades mais gerais que preparam o aluno para olhar com mais cuidado para a gramática de uma língua em particular. Mas que não são normalmente desenvolvidas nas aulas de português em que se assume, equivocadamente, que há uma única gramática. Outras atividades gerais que são importantes para que haja uma compreensão mais ampla da linguagem humana é fazer mapas das línguas; por exemplo, mapas das línguas faladas na cidade ou dos dialetos falados em sala de aula ou na escola. Mapas de palavras, como se faz em projetos como o ALERS. Mapas de dialetos que são comuns na dialetologia. Mapeiem as línguas e dialetos que estão ao seu redor. Converse com o professor de História, quem sabe seria possível conversar sobre a história das línguas/dialetos da comunidade. Faça mapas históricos das línguas faladas na sua localidade. Por exemplo, há Guaranis na sua região – é o que ocorre em Florianópolis, onde estamos. É possível propor visitas à comunidade, é possível desenhar mapas da história do Guarani e refazer, com o professor de História e de Geografia, a história do contato entre o português e essa língua. Qual português desembarcou com as naus de Pedro Vaz de Caminha? Como era esse português? É o mesmo de hoje no Brasil, em Portugal? Em que outros lugares se fala português? Como é esse português?

Uma outra série de atividades sobre as línguas pode ser desenvolvida junto com o professor de Biologia. Como é a história da humanidade? Como a língua surgiu na espécie humana? Passeie pelas línguas. É muito importante que eles tenham essa visão mais geral, mais naturalista das línguas para poderem mudar o modo como eles entendem o que é uma gramática. Discuta as questões que a Sociolinguística tem colocado. Mostre como é puro preconceito entender que está errado dizer *Os menino saiu tudo*. Não discuta com quem diz que está errado, mostre o que sabemos sobre as línguas. Desfaça o preconceito com o conhecimento.

Só então escolha um problema para discutir. Faça isso junto com os alunos. Há muitos caminhos. Suponha que esse cientista já coletou alguns dados do PB e está tentando fazer sentido dos dados que coletou de conversas e de blogs (ele acha a nossa internet muito pouco sofisticada, muito lenta..., mas recolheu alguns dados dali). Ele ouviu atentamente várias conversas de brasileiros e está interessado em aprender a usar o *num*, que ele identificou como uma "palavra" dessa língua. Ele quer saber não apenas o que significa, mas também onde ocorre. Ele já estudou um pouco sobre as línguas humanas, sabe que muitas vezes um mesmo som tem diferentes sentidos, tão diferentes que são palavras distintas e com base nos dados que recolheu suspeita que há dois num. Eis os dados que foram coletados:

(1) Num é só vê.
(2) Num é verdade que a Maria saiu.
(3) Ele está num lugar diferente.
(4) Num tenho tempo pra explicá.
(5) Não ele ainda num veio.
(6) Ela num veio.
(7) Ele tem um restaurante num bairro distante.

Com base nesses dados, o cientista construiu uma primeira hipótese: nessa língua, há dois *num*: **num**$_1$ indica um lugar; **num**$_2$ é uma negação. A ideia é o professor praticar com os alunos um certo distanciamento de suas línguas. É claro que todos nós sabemos que há esses dois *num,* mas a ideia é "desautomatizar" a relação do falante com a sua língua, de forma que ele comece a prestar atenção em como ele fala, na cadeia sonora e possa se colocar na posição de um estrangeiro de sua própria língua. Essa é uma posição poderosa: olhar de fora o que é de dentro. Esses dados são também muito fáceis de serem conseguidos: basta gravar uma conversa informal e eles vão aparecer. O professor pode iniciar perguntando se os alunos já perceberam que essa forma fonética tem significados bem diferentes. Pode, em seguida, com a ajuda dos alunos, construir um *corpus* com dados que os alunos fornecem. Um outro caminho é procurar esses dados em *corpora*, quer os que já dispomos, quer construir novos *corpora* – gravar conversas (os alunos adoram esse tipo de trabalho) e transcrever – ou pesquisar na internet, em livros literários (contemporâneos, que busquem a oralidade).

O próximo passo depois que temos uma hipótese a partir de um *corpus* – a hipótese de que há dois *num* no PB, por exemplo – é testá-la ou verificá-la; não apenas verificar se outros dados comprovam essa hipótese, mas principalmente tentar construir exemplos que sejam agramaticais, ou seja, que refutem a hipótese. Esse é um trabalho bastante engenhoso: imaginar aquilo que não é realizado. No caso do *num* uma hipótese facilmente verificável é a seguinte: se ele ocorrer imediatamente antes do verbo, ele é uma negação. Compare (3), repetida abaixo como (8), e (9):

(8) Ele está num lugar diferente.

(9) Ele num está num lugar diferente.

Essa pode parecer uma hipótese óbvia, mas deixe que o seu aluno faça, veja se ela é mesmo o caso. Tente levá-los a imaginar outros usos de *num*.

Seu estudo pode se encaminhar para o locativo ou para a negação. Enquanto locativo, a expressão *num* é derivada da combinação de em+um, o que podemos mostrar substituindo um pelo outro (veja que a substituição não ocorre nos contextos de negação). O locativo, que está ligado à preposição *em*, vai trazer outros usos que não indicam lugar (pelo menos não um lugar físico). Reflita sobre sentenças como estas:

(10) Ela estava num estado deplorável.

(11) O casamento foi num dia chuvoso de abril.

Que hipótese você formularia para descrever esses usos de *num*? Há duas soluções clássicas para esse tipo de problema: ou há vários *num* na língua – e aqui é possível discutir a questão da plausibilidade psicológica dessa hipótese – ou há um item *num* no nosso léxico mental e os diferentes usos podem ser explicados por associações via analogia (ou metáfora). O problema está provavelmente na preposição *em*, que tem uma semântica bem complexa.

O outro caminho é entender a negação, que já vimos é um tema muito profícuo. A hipótese mais simples é que *num* é apenas uma redução fonética de *não*, isto é, eles têm o mesmo significado e a mesma distribuição, ocorrem nos mesmos lugares nas sentenças, mas têm pronúncias diferentes. A tarefa agora é verificar se essa hipótese está correta. Basta um caso em que *num* e *não* tenham uma distribuição diferente para balançarmos essa hipótese. O primeiro passo, sempre, é fazer um levantamento de usos de *não* e *num* e compará-los. Em seguida, ver se em todos os lugares que o *não* aparece podemos substituir pelo *num* e vice-versa, sempre prestando atenção no significado. Eis uma lista inicial, criada em laboratório apenas para podermos mostrar o raciocínio. Afine a sua intuição, anote o que você considerar estranho, não natural, na sua gramática:

(12) O João veio? Não/Num.

(13) A Maria não/num saiu.

(14) A Maria não/num é bonita, é linda.

(15) Num/Não necessariamente, o João é esperto.

(16) Essa embalagem é num/não reciclável.

(17) Esse abridor não/num é prático.

(18) Eu num/não falei isso num/não.

(19) Essa medida é num/não constitucional.

(20) Esse quadro é não/num representativo da verdadeira situação.

(21) O dia tem apenas 16 horas e não/num mais 24 horas.

Essa é uma atividade que nunca é realizada nas aulas de português: construir testes para avaliar a aceitabilidade de sentenças ou a sua interpretação. Na nossa avaliação o *num* é estranho nas sentenças (12), (15), (16), (18) – em sua segunda ocorrência ao final da sentença –, (19), (20) e (21). Se for esse o caso, então *num* não faz negação interna, isto é, negação do predicado. Também não parece fazer a negação mais externa, como ocorre em (12). Assim, podemos já fazer predições. Por exemplo, os proferimentos em (22) em que o *num* aparece devem ser marcados (agramaticais):

(22) (i) Carlos: A Maria já chegou?
             Joana: Num.
        (ii) Esse vinho é num alcoólico.

A sua hipótese se verifica? Você chegou à conclusão de que o *num* só ocorre antes do verbo conjugado (finito), anteposto ao verbo? Essa hipótese está correta? O que dizer de:

(23) Eu num te falei que ele vinha.

A sentença em (23) é um contraexemplo a sua generalização? Não. Qual é então a generalização? Veja que você terá que levantar um outro tipo de dados agora. E ainda não nos colocamos a pergunta de ouro: O que significa negar? Há mais de uma maneira de negar? A negação interna que temos em *Esse vinho é não alcoólico* é diferente da negação externa como em *Ele não veio*. Aqui a conversa pode mais uma vez ser com o professor de Matemática.

As aulas de português terão um ganho acentuado quando gramática não for compreendida como um rótulo que não serve para nada. Gramáticas são análises sofisticadas de um fenômeno muito complexo, as línguas humanas. Um sistema inconsciente que nos constitui enquanto constitui o nosso mundo. Explicar como elas funcionam é entender como somos. Com certeza, poeira estrelar, mas poeira estrelar falante!

Não há educação sem pesquisa, sem reflexão, sem curiosidade, sem perplexidade.

Que este livro inspire seus leitores!

Apenas para lembrar: Se você quiser trocar umas ideias, é só escrever.

Roberta: ropiolive@gmail.com
Sandra: quarezeminsandra@gmail.com

Referências

ALTMAN, C. *A pesquisa linguística no Brasil, 1968-1988*. São Paulo: Humanitas, 2004.

AVELAR, J. *Concordância e posição de sujeito em variedades brasileiras e africanas do português*. [Manuscrito], 2011.

AZEREDO, J.C. Sintaxe Normativa tradicional. In: OTHERO, G.Á. & KENEDY, E. (orgs.). *Sintaxe, sintaxes* – Uma introdução. São Paulo: Contexto, 2015, p. 197-216.

BAGNO, M. *Gramática pedagógica do português brasileiro*. São Paulo: Parábola, 2014.

_____. *Preconceito linguístico*. São Paulo: Parábola, 2003.

_____. Cassandra, fênix e outros mitos. In: FARACO, C. et al. (org.). *Estrangeirismos*: guerras em torno da língua. São Paulo: Parábola, 2001, p. 49-84.

BASSO, R.M. *Telicidade e detelicização, semântica e pragmática do domínio tempo--aspectual*. Campinas: Unicamp, 2007 [Dissertação de mestrado].

BASSO, R.M.; COELHO, I.L. & PIRES DE OLIVEIRA, R. A (sócio)linguística no ensino de língua materna e na formação do professor de Português (brasileiro). In: PIRES DE OLIVEIRA, R. & GESSER NUNES, Z. (orgs.). *Letras-Português no EaD – Tão Longe, tão perto*. Florianópolis: LLV/CCE/UFSC, 2012, p. 99-125.

BASSO, R.M. & PIRES DE OLIVEIRA, R. Feynman, a linguística e a curiosidade, revisitado. *Matraga*, vol. 19, n. 30, 2012, p. 13-40. Rio de Janeiro.

_____. Feynman, a linguística e a curiosidade. In: CORREIA, H.H.S. & KLEPPA, L.-A. (orgs.). *Multiculturalidade e interculturalidade nos estudos de língua e literatura*. Porto Velho: Unir, 2010, p. 208-227.

BORGES NETO, J. *A naturalização da gramática tradicional e seu uso protocolar* [Palestra proferida no VIII Congresso da Abralin. Natal, 2013].

_____. História da linguística no Brasil. *Estudos Linguísticos*, XXXIV, 2005, p. 4-13.

_____. Formalismo *versus* funcionalismo nos estudos linguísticos. *Ensaios de filosofia da linguística*. São Paulo: Parábola, 2004.

BRAGA, M.L.; ILARI; R.; PIRES DE OLIVEIRA, R. & BASSO, R.M. Artigo defini-do. In: ILARI, R. (org.). *Palavras de classe fechada* – Gramática do português culto falado no Brasil. São Paulo: Contexto, 2015, p. 105-128.

BROAD, W. & WADE, N. *Betrayers of truth*. Nova York: Simon and Schuster, 1983.

BURZIO, L. *Italian Syntax*. Dordrecht: Reidel, 1986.

CANÇADO, M. Comparando alternâncias verbais no PB: cortar o cabelo e que-brar o braço. *Revista Letras*, n. 81, 2010, p. 33-60.

CANÇADO, M.; GODOY, L. & AMARAL, L. *Catálogo de verbos do português bra-sileiro* – Vol. 1: Verbos de mudança. Belo Horizonte: UFMG, 2013.

CAREY, S.; HONDA; M.; JAY, E. & UNGER, C. An experiment is when you try it and see if it works: a study of 7 students' understanding of the construction of scientific knowledge. *International Journal of Science Education*, 11, 1989, p. 514-529.

CARPES, D.R.P. *Um estudo prosódico-semântico da não exaustividade no português brasileiro*. Florianópolis: UFSC, 2014, 107 p. [Dissertação de mestrado].

CASTILHO, A.T. *Nova gramática do português brasileiro*. São Paulo: Contexto, 2010.

_____. *Uma proposta para o ensino de gramática no 1º e 2º graus*. Campinas: Se-cretaria de Estado da Educação/Unicamp, 1986 [Mimeo.].

CASTILHO, A.T. (org.). *Gramática do português falado* – Vol. I: A ordem. Campi-nas: Unicamp/Fapesp, 1990.

CAVALLI-SFORZA, L.L. *Genes, povos e línguas*. São Paulo: Companhia das Letras, 2003.

CHIERCHIA, G. *Logic in Grammar* – Polarity, free choice and intervention. Ox-ford: Oxford University Press, 2013.

CHOMSKY, C.; HONDA, M.; O'NEIL, W. & UNGER, C. *Doing science*: construc-ting scientific theories as an introduction to scientific method. Harvard Graduate School of Education, 1985.

CHOMSKY, N. *A ciência da linguagem* – Conversas com James McGilvray. São Paulo: Unesp, 2014.

_____. *Novos horizontes no estudo da mente e da linguagem*. São Paulo: Unesp, 2005.

_____. *Language and Thought*. Londres: Moyer Bell, 1993.

_____. *Lectures on government and binding*. Dordrecht: Foris, 1981.

_____. *Language and mind*. Nova York: Harcourt Brace Jovanovich, 1972.

COSTA, J. & GALVES, C. External subjects in two varieties of Portuguese evidence for a non-unified analysis. In: BEYSSADE, C. et al. (orgs.). *Romance languages and linguistic theory 2000*. Vol. 232. Amsterdã/Filadélfia: John Benjamins Publishing, 2002, p. 109-125.

COSTA DE OLIVEIRA, R. Sintaxe tipológica. In: OTHERO, G.A. & KENEDY, E. (orgs.). *Sintaxe, sintaxes* – Uma introdução. São Paulo: Contexto, 2015, p. 85-102.

CRAIN, S.; MERONI, L. & MINAI, U. If everybody knows, then every child knows, 2010 [Disponível em http://dspace.library.uu.nl/handle/1874/295932].

CUNHA E LIMA, M.L. Semântica e Psicolinguística Experimental. In: FERRARE-ZI JR., C. & BASSO, R. (orgs.). *Semântica, semânticas, uma introdução*. São Paulo: Contexto, 2013.

CYRINO, S.M.L. O objeto nulo no português do Brasil e no português de Portugal. *Boletim da Abralin*, 25, 2001, p. 173-181.

_____. O objeto nulo no português brasileiro. In: GÄRTNER, E.; HUNDTE, C. & SCHÖNBERGER, A. (orgs.). *Estudos de gramática portuguesa*. Vol. III. Frankfurt am Main: TFM, 2000, p. 61-73.

_____. *O objeto nulo no português do Brasil* – Um estudo sintático-diacrônico. Londrina: UEL, 1997.

DAVIDSON, D. Communication and Conventional. *Inquiries into Truth and Interpretation*. Oxford: Claredon, 1984, p. 265-280.

DECAT, B. Construções de tópico em português: uma abordagem diacrônica à luz do encaixamento no sistema pronominal. In: TARALLO, F. (org.). *Fotografias sociolinguísticas*. Campinas: Pontes, 1989, p. 113-139.

DEUTSCHER, G. *O desenrolar da linguagem*. Campinas: Mercado de Letras, 2014.

DUARTE, I. Verbos leves. In: MATEUS, M.H. et al. *Gramática da língua portuguesa*. Lisboa: Caminho, 2003, p. 311-314.

DUARTE, M.E. Do pronome nulo ao pronome pleno: a trajetória do sujeito no português do Brasil". In: ROBERTS, I. & KATO, M. (eds.). *Português brasileiro: uma viagem diacrônica*. Campinas: Editora da Unicamp, 1996, p. 107-128.

_____. *A perda do princípio "evite pronome" no português brasileiro*. Campinas: IEL/Unicamp, 1995 [Tese de doutorado].

FARACO, C.A. *Norma culta brasileira:* desatando alguns nós. São Paulo: Parábola, 2008.

FIGUEIREDO SILVA, M.C. *A posição sujeito no português brasileiro.* Campinas: Unicamp, 1996.

FISCHER, S.R. *Uma breve história da linguagem.* Osasco: Novo Século, 2009.

FITCH, W.T. *The Evolution of Language.* Cambridge: Cambridge University Press, 2010.

FLECK, L. *Gênese e desenvolvimento de um fato científico.* Belo Horizonte: Fabrefactum, 2010.

FOX, M. *Talking hands:* what sign language revels about the mind. Nova York: Simon & Schuster, 2007.

FRANCHI, C.; FIORIN, J.L. & ILARI, R. *Linguagem* – Atividade constitutiva. São Paulo: Parábola, 2011.

FRANCHI, C.; NEGRÃO, E. & MÜLLER, A.L. *Mas o que é mesmo gramática?* São Paulo: Parábola, 2006.

FRANCHI, E. *E as crianças eram difíceis* – A redação na escola. São Paulo: Martins Fontes, 1998.

FREIRE, P. *A educação na cidade.* 4. ed. São Paulo: Cortez, 2000.

FOLTRAN, M.J. Ensino de sintaxe: atando as pontas. In: MARTINS, M.A. (org.). *Gramática e ensino.* Natal: EDUFRN, 2013, p. 167-188.

GALVES, C. *Evidências do contato com as línguas africanas na formação do português brasileiro:* propostas para a constituição de um *corpus.* [Comunicação apresentada durante o I Simpósio "Dinâmicas afro-latinas: Língua(s) e história(s)", realizado nos dias 27 e 28 de abril de 2011 no IEL/Unicamp].

_____. Tópicos, sujeitos, pronomes e concordância no português brasileiro. *Caderno de Estudos Linguísticos*, 34, 1998, p. 7-21.

_____. "O enfraquecimento da concordância no português brasileiro". In: ROBERTS, I. & Kato, M. (orgs.). *Português brasileiro:* uma viagem diacrônica. Campinas: Unicamp, 1996.

GERALDI, J.W. Pesquisa em linguagem na contemporaneidade. *Quaestio*, vol. 8, 2006, p. 63-72, 2006.

_____. *Portos de passagem.* São Paulo: Martins Fontes, 1991.

GRANGER, G.G. *A ciência e as ciências*. São Paulo: Unesp, 1994.

GREENBERG, J. *Language Universals:* with special reference to feature hierarchies. Cambridge: MIT, 1966.

GROLLA, E. & FIGUEIREDO SILVA, M.C. *Para conhecer aquisição da linguagem*. São Paulo: Contexto, 2014.

HEIM, I. & KRATZER, A. *Semantics in Generative Grammar*. Oxford: Blackwell, 1998.

HONDA, M. & O'NEIL, W. Triggering science formantion capacity through linguistic inquiry. In: HALE, K. & KEYSER, S.J. (eds.). *The view from the building 20:* essays in honor of Sylvain Bromberger. Cambridge: MIT, 1993, p. 229-256.

HONDA, M.; O'NEIL, W. & PIPPIN, D. On promoting linguistics literacy: Bringing language science to the English Classroom. In: DENHAM, K. & LOBECK, A. (eds.). *Linguistics at school*. Cambridge: Cambridge University Press, 2010, p. 175-188.

HUANG, J. On the distribution and reference of empty pronouns. *Linguistic Inquiry*, 15 (4), 1984, p. 531-574.

ILARI, R. *Linguística e ensino de língua portuguesa*. São Paulo: Martins Fontes, 1989.

ILARI, R. & BASSO, R.M. *O português da gente*: a língua que estudamos, a língua que falamos. São Paulo: Contexto, 2006.

KABATEK, J. Existe um ciclo de gramaticalização do artigo na România? In: RAMOS, J. (ed.). *Para a história do português brasileiro* – Vol. V: Estudos sobre mudança linguística e história social. Belo Horizonte: Fale/UFMG, 2007, p. 13-52.

KATO, M. Pronomes fortes e fracos na gramática do português brasileiro. *Revista Portuguesa de Filologia*, vol. XXIV, 2002, p. 101-122. Coimbra.

_____. The partial pro-drop nature and the restricted VS order in Brazilian Portuguese. In: KATO, M. & NEGRÃO, E. (orgs.). *The null subject parameter in Brazilian Portuguese*. Frankfurt: Vervuert/Latino-Americana, 2000, p. 55-74.

KATO, M. & TARALLO, F. The loss of VS syntax in Brazilian Portuguese. In: KOCH, I.V. & SCHLIEBE-LANGE, B. (orgs.). *Linguistik in Bresil*. Tübingen: Nyemeyer, 1993.

KENEDY, E. *Curso básico de Linguística Gerativa*. São Paulo: Contexto, 2013.

KUHN, T. *Estrutura das revoluções científicas*. São Paulo: Martins Fontes, 2007.

LEMLE, M. & FIGUEIREDO E SILVA, C. Variação na expressão da concordância: várias gramáticas e vários gramáticos. In: MARTINS, M.A. (org.). *Gramática e ensino*. Natal: EDUFRN, 2013, p. 99-118.

LIMA, S. *On the grammar of individuation and counting*. University of Massachusetts Amherst, 2014 [Tese de doutorado].

LOBATO, L. *Linguística e ensino de línguas*. Brasília: UnB, 2015 [PILATI, E.N.S; NAVES, R.R., GUERRA VICENTE, H. & LIMA-SALLES, H.M. (orgs)].

MAIA, M. Sintaxe experimental. In: In: OTHERO, G.A. & KENEDY, E. (orgs.). *Sintaxe, sintaxes: uma introdução*. São Paulo: Contexto, 2015, p. 51-72.

_____. *Manual de linguística:* subsídios para a formação dos professores indígenas na área de linguagem. Brasília: Ministério da Educação/Secretaria de Educação Continuada, Alfabetização e Diversidade. Laced/Museu Nacional, 2006.

MARTINS, M.A. (org.). *Gramática e ensino*. Vol. 1. Natal: UDUFRN, 2013.

MARTINS, M.A.; VIEIRA, S.R. & TAVARES, M.A. (org.). *Ensino de português e sociolinguística*. São Paulo: Contexto, 2014.

MATTHEWSON, L. On the Methodology of Semantic Fieldwork. *International Journal of American Linguistics*, 70, 2004, p. 369-415.

MATTOS E SILVA, R.V. Para a história do português culto e popular brasileiro: sugestões para uma pauta de pesquisa. *Cadernos de Letras da UFF* – Dossiê: literatura, língua e identidade, n. 34, 2008, p. 11-30 [Disponível em http://www.uff.br/cadernosdeletrasuff/34/artigo1.pdf].

_____. *O português são dois...* Novas fronteiras, velhos problemas. São Paulo: Parábola, 2004.

MATURANA, H. & VARELA, F. *A árvore do conhecimento*. São Paulo: Palas Athena, 2000.

MIOTO, C. Interrogativas WH no português europeu e no português brasileiro. In: PIRES DE OLIVEIRA, R. & MIOTO, C. (orgs.). *Percursos em Teoria da Gramática*. Florianópolis: UFSC, 2011, p. 43-72.

MIOTO, C.; FIGUEIREDO-SILVA, M.C. & LOPES, R.E.V. *Novo manual de sintaxe*. São Paulo: Contexto, 2013.

MIOTO, C. & QUAREZEMIN, S. *Sintaxe do português*. Florianópolis: UFSC/CCE/DLLV, 2011.

MORO, A. *The boundaries of Babel* – The brain and the enigma of impossible languages. Cambridge: MIT, 2010.

MOURA NEVES, M.H. *Gramática na escola*. São Paulo: Contexto, 1990.

NARO, A.J. & SCHERRE, M.M.P. Estabilidade e mudança linguística em tempo real: a concordância de número. In: PAIVA, M.C. & DUARTE, M.E.L. (org.). *Mudança linguística em tempo real*. Rio de Janeiro: Contra Capa, 2003, p. 47-62.

NEGRÃO, E.V. O português brasileiro: uma língua voltada para o discurso. *Abralin*, vol. 25, 2000, p. 183-199.

O'GRADY, W.; DOBROVOLSKY, M. & ARONOFF, M. *Contemporary Linguistics –* An Introduction. Nova York: St. Martin's press, 1997.

OKRENT, A. *In the land of invented languages*. Nova York: Spiegel & Grau Trade Paperbacks, 2010.

OLIVEIRA, S.M. Objeto direto nulo, pronome tônico de 3ª pessoa, SN anafórico e clítico acusativo no português brasileiro: uma análise de textos escolares. *Revista Virtual de Estudos da Linguagem –* ReVEL, vol. 5, n. 9, ago./2007.

OMENA, N. *Pronome pessoal de terceira pessoa:* suas formas variantes em função acusativa. Rio de Janeiro: PUC-Rio, 1978 [Dissertação de mestrado].

OTHERO, G.A. & FIGUEIREDO E SILVA, M.C. Focalização em português: interface entre condições sintáticas, prosódicas e de estrutura informacional. In: TAVEIRA DA CRUZ, R. (org.). *As interfaces da gramática*. Curitiba: CRV, 2012, p. 119-136.

PARTEE, B.; TER MEULEN, A. & WALL, R. *Mathematical Methods in Linguistics*. Dordrecht: Springer, 1990.

PENN, D.C.; HOLYOAK, K.J. & POVINELLI, D.J. Darwin's mistake: Explaining the discontinuity between human and nonhuman minds. *Behavioral and Brain Sciences*, 31, 2008, p. 109-178.

PERMULTTER, D. Evidence for subject downgrading in Portuguese. In: SCHMINDT-RADEFELT, J. (org.). *Readings in Portuguese Linguistics*. Amsterdã: North-Holland, 1976.

PERINI, M. *Gramática do português brasileiro*. São Paulo: Parábola, 2010.

_____. *Princípios de linguística descritiva –* Introdução ao pensamento gramatical. São Paulo: Parábola Editorial, 2006.

_____. *Sofrendo a gramática –* Ensaios sobre a linguagem. São Paulo: Ática, 1997.

_____. *Gramática descritiva do português*. São Paulo: Ática, 1995.

PINKER, S. *Do que é feito o pensamento –* A língua como janela para a natureza humana. São Paulo: Companhia das Letras, 2008.

PIRES DE OLIVEIRA, R. *Dobras e redobras do Singular Nu:* costurando a semântica através das línguas. Porto Alegre: EDIPUCRS, 2014.

_____. A gramática do sentido na escola. In: MARTINS, M.A. (org.). *Gramática e ensino.* Vol. 1. Natal: Editora da UDUFRN, 2013, p. 231-262.

_____. A linguística sem Chomsky e o método negativo. *Revel,* vol. 8, n. 14, 2010.

_____. A semântica na sala de aula. In: FREITAS DE LUNA (org.). *Educação e linguística:* ensino de línguas. Itajaí: Universidade do Vale do Itajaí, 2007, p. 59-73.

PIRES DE OLIVEIRA, R. & BASSO, R.M. *Arquitetura da conversação.* São Paulo: Parábola, 2014.

_____. *Filosofia da linguística.* Blumenau: Treze de Maio, 2011.

PIRES DE OLIVEIRA, R.; BASSO, R. & QUAREZEMIN, S. *Construindo gramáticas na escola.* Florianópolis: UFSC/DLLV, 2013.

PIRES DE OLIVEIRA, R. & SEARA, I.C. Semântica ou pragmática? Um experimento em prosódia. In: TAVEIRA DA CRUZ, R. (org.). *As interfaces da gramática.* Curitiba: CRV, 2012, p. 73-98.

PONTES, E. *O tópico no português do Brasil.* Campinas: Editora Pontes, 1987.

POPPER, K. *A lógica da pesquisa científica.* São Paulo: Cultrix, 2007.

POSSENTI, S. *Por que (não) ensinar gramática na escola.* Campinas: Mercado de Letras, 1996.

QUAREZEMIN, S. Foco e tópico nas línguas naturais. In: TAVEIRA, R. (org.). *As interfaces da gramática.* Vol. I. Curitiba: CRV, 2012, p. 99-118.

ROISENBERG RODRIGUES, G. & MENUZZI, S.M. Estrutura informacional. In: PIRES DE OLIVEIRA, R. & MIOTO, C. (orgs.). *Percursos em Teoria da Gramática.* Florianópolis: UFSC, 2011, p. 237-259.

SANCHEZ-MENDES, L. Trabalho de campo para análise linguística em semântica formal. *Revista Letras,* vol. 90, 2014, p. 277-293.

SAPIR, E. *Language:* An Introduction to the Study of Speech. Nova York: Harcourt/Brace, 1921.

SCHERRE, M.P. & NARO, A.J. Sobre a concordância de número no português falado do Brasil. In: RUFFINO, G. (org.). *Dialettologia, geolinguistica, sociolinguistica* (Atti del XXI Congresso Internazionale di Linguistica e Filologia Romanza). Centro di Studi Filologici e Linguistici Siciliani, Universitá di Palermo. Tübingen: Max Niemeyer, 1998, p. 509-523.

_____. A concordância de número no português do Brasil: um caso típico de variação inerente. In: DA HORA, D. (org.). *Diversidade linguística no Brasil.* João Pessoa: Ideia, 1997, p. 93-114.

_____. Aspectos da concordância de número no português do Brasil. *Revista Internacional de Língua Portuguesa (Rilp)* – Norma e variação do português, 12, 1994, p. 37-49 [Associação das Universidades de Língua Portuguesa].

SCHERRE, M.M.P.; NARO, A.J. & CARDOSO, C.R. O papel do tipo de verbo na concordância verbal no português brasileiro. *Delta* – Documentação de Estudos em Linguística Teórica e Aplicada, vol. 23, 2007, p. 283-317.

SCHWINDT, L.C. Morfologia. In: SCHWINDT, L.C. (org.). *Manual de linguística* – Fonologia, morfologia e sintaxe. Petrópolis: Vozes, 2014, p. 109-154.

SEARA, I. & FIGUEIREDO SILVA, M.C. Uma nota sobre o padrão entoacional das sentenças VS em português brasileiro. *Letras de Hoje*, vol. 42, n. 3, 2007, p. 114-128. Porto Alegre.

SMITH, N. & TSIMPLI, I.-M. *The Mind of a Savant.* Oxford: Blackwell, 1995.

SOSA, J.M.; CARPES, D.R.P. & PIRES DE OLIVEIRA, R. Prosódia e pragmática, um experimento de interface. *Caderno de resumos do V Colóquio Brasileiro de Prosódia da Fala*: 22 a 24 de outubro de 2015. Brasília: UnB, 2015.

STORTO, L.; FRANCHETTO, B. & LIMA, S. *Sintaxe e semântica do verbo em línguas índigenas no Brasil.* Campinas: Mercado de Letras, 2015.

TERRACE, H. *Nim:* A Chimpanzee Who Learned Sign Language. Nova York: Knopf, 1979.

ZILLES, A.M.S. & KERSCH, D.F. Onde: prescrição, proscrição, descrição e ensino. In: ZILLES, A.M.S. & FARACO, C.A. (org.). *Pedagogia da variação linguística:* língua, diversidade e ensino. São Paulo: Parábola, 2015, p. 145-191.

Coleção de Linguística

- *História concisa da língua portuguesa*
Renato Miguel Basso e Rodrigo Tadeu Gonçalves
- *Manual de linguística – Fonologia, morfologia e sintaxe*
Luiz Carlos Schwindt (org.)
- *Introdução ao estudo do léxico*
Alina Villalva e João Paulo Silvestre
- *Estruturas sintáticas*
Noam Chomsky
- *Gramáticas na escola*
Roberta Pires de Oliveira e Sandra Quarezemin
- *Introdução à semântica lexical*
Márcia Cançado e Luana Amaral
- *Gramática descritiva do português brasileiro*
Mário A. Perini